仕事が速い人は、「これ」しかやらない

ラクして速く成果を出す「7つの原則」

石川和男
Ishikawa Kazuo

PHP

はじめに

○仕事が速い人が必ずやっている「たった1つの習慣」

突然ですが、質問です。

「仕事が速い人」と「遅い人」の絶対的な違いは、どこにあると思いますか？

仕事のスキル？
頭の回転の速さ？
人脈の広さ？
豊富な知識と経験？

もちろん、どれも仕事を速く終わらせるために必要な要件です。
しかし、絶対的な違いではありません。

ズバリ、答えを言いましょう。それは、

注力すべき仕事を見極め、その仕事を最速で片づける能力。そして、そうでない仕事は、うまく人に任せる能力。

「これに尽きる！」と言っても過言ではありません。

膨大《ぼうだい》な仕事のなかから、優先順位の高い「力の入れどころ」を見つけ出し、狙った獲物をしとめるかのごとく、最速で片づけていく能力。

一方、自分以外の人（や物）に任せられる仕事は、どんどん任せる能力。

これこそが仕事の速さを決定します。

「なんだ、そんなの当たり前のことじゃないか」

そう思ったかもしれません。

しかし、「力の入れどころ」を間違えて、「非効率な仕事」をしている人はとても多くいます。

たとえば、巷《ちまた》でよく言われる、

○優先順位の高い仕事から順に片づける
○やるべきことを付箋に貼って「見える化」する
○部下が頑張ったら、とにかくほめる

これらは、すべて間違いです。

本書では一見勘違いしがちな「非効率な仕事」をなくして、「注力すべき仕事を最速で終わらせるコツ」をお教えします。

○私が「5つの仕事をしながら定時退社」できるワケ

申し遅れました。石川和男と申します。

私は現在、建設会社の総務経理、大学の非常勤講師、セミナー講師、時間管理コンサルタント、そして税理士と、5つの仕事をしています。

建設会社の仕事は、月曜日から金曜日の平日朝8時30分から夕方5時まで。その他の仕事は、平日の夜や土曜日に行っています。

こう言うと、いかにも「仕事漬けの毎日」のように聞こえるかもしれません。

でも、そんなことはありません。

プライベートでは、友人と飲みに出かけ、家族とカラオケに行き、休日には趣味である映画を観るなど、人生を楽しく過ごしています。

しかし、**以前の私は「連日深夜まで残業しているのが当たり前」でした。**

私が就職したのはバブル景気のタイミング。景気の波に乗って某建設会社に就職したはいいものの、経理部に配属されたにもかかわらず簿記の知識はゼロ。先輩や上司に怒鳴られながら、日々の仕事をこなすので手一杯。30歳になっても仕事が遅いのは変わらず、毎日のように残業していました。

当時は、深夜11時まで会社にいるのが当たり前。「11時＝定時」という感覚になり、深夜1時過ぎに帰り支度をする日もありました。1時の針を指した時計を見ながら、「今日は2時間の残業かぁ……」と独り言をつぶやきながら帰ることもありました。ストレスを発散しようとドカ食いし、体重は日に日に増していき、学生時代とは別人のような自分になっていました。

そんなある日。

太り続ける自分の姿をふと鏡で見て、しばしボーゼンとなりました。

「これが本当に今の自分の姿なのか？」

その瞬間、さまざまな考えが頭をよぎりました。


「こんな残業だらけの毎日でいいのか？」

「家族や友人と過ごす時間が取れないままでいいのか？」

「好きなことをする時間がないまま、人生が終わってもいいのか？」


その瞬間、「このままではいけない」と一念発起《いちねんほっき》したのです。

そこで、何よりも優先して変えようと決意したのが「**仕事の速さ**」でした。

仕事の効率を極限まで高めて、自分の人生を取り戻すと決めたのです。

それからの私は、時間管理や仕事効率化の本を年１００冊のペースで読み漁《あさ》り、ビジネスセミナーにも月１回をノルマにして参加しました。いいと思ったコンテンツやノウハウは書き留め、実践し、習慣化していきました。

そして気がつけば、「残業ゼロ」になるほど、効率的に仕事を進める術《すべ》をマスターするに至りました。

そんな私が、自分の人生を取り戻すなかで見つけた「最速仕事術」の要点こそ「**仕事の力の入れどころを見極める**」能力だったのです。

○「力の入れどころ」がわかれば、仕事も人生もガラッと変わる！

わかりやすい例でお話ししましょう。

たとえば、A4の紙1枚に1000文字ほどのテキストを書き写すという仕事をお願いされたとします。手首は痛くなるけれど、集中してやれば、なんとか15分ほどで終わります。きっとほどよい達成感もあるはずです。

しかし視点を変えれば、仕事をお願いされたとき、こうも言えるはずです。


「**これ、コピーじゃダメですか？**」


同じ作業がコピーであれば、6秒もかからず終わります。

さらに言えば、コピーのほうがはるかに速いだけでなく、誤字脱字もなく正確なのです！

これが「**仕事の力の入れどころを見極める**」能力なのです。

「写経じゃないんだから、今どきこんなことありえないよ」という声が聞こえてきそうです。

しかし、新卒採用の履歴書は、いまだに手書きを求める企業が多いのが現実です。

同じように、あなたの職場にも「これ、なんでこうなっているの？」という仕事はありませんか？

〇**メールで送ればいいのに、郵送or面会して渡す**

〇**話せばすぐ済むのに、丁寧にメールする**

〇**聞けば解決するのに、自分1人で抱え込み遅れる**……etc.

いかがでしょうか。

ここまでくれば、心当たりのある方も多いはずです。

そんなあなたに問いかけたい質問があります。

あなたは今、

「こんな残業だらけの毎日でいいのか？」

「家族や友人と過ごす時間が取れないままでいいのか？」

「好きなことをする時間がないまま、人生が終わってもいいのか？」


そんな悩みを抱えて、悶々《もんもん》としていませんか？

もしそうなら、本書でご紹介する仕事の正しい「力の入れどころ」とテクニックの数々を読んで、ぜひ試してみてください。

試してみて、取り入れられるところは取り入れ、実践し、習慣化してみてください。

私が実践しているノウハウが、あなたの毎日そしてこれからの人生を変える役に立てたら幸いです。

石川和男

仕事が速い人は、「これ」しかやらない
ラクして速く成果を出す「7つの原則」

CONTENTS

第1章 仕事が速い人の「7つの原則」

第2章
作業効率が劇的に上がる最速「タスク処理」メソッド

第3章 もう仕事を抱え込まない！「コミュニケーション」の秘訣

第4章 1秒でもムダにしない「チーム仕事」が速くなるコツ

第5章 「0→1」を最速で生み出すクリエイティブ思考術

第6章

自分の時間が増える「すぐやる人の習慣」

第1章

仕事が速い人の「7つの原則」

01

あらゆることに「期限」を決めろ

仕事が速い人は「終わらせる力」を利用している

仕事が速い人の第1原則は、「とにかく期限を決める」こと。
期限が迫ったときに生まれる、ものすごい行動力をうまく利用するのです。

○仕事が速い人が身につけている「3つの能力」

「はじめに」で、「仕事の力の入れどころ」の大切さについて述べました。それを正確に把握《はあく》して仕事を早く終わらせるには、次の3つの能力が必要になります。

1. 自分が注力すべき仕事を、最速で処理する能力
2. 人（や物）に任せるべき仕事を、うまく任せる能力
3. 自分が注力すべき仕事とそうでない仕事を、適切に見分ける能力

本章では、これらの能力からとくに重要なものを**仕事が速い人の「7つの原則」**とし

てご紹介していきます。

まずは、「自分が注力すべき仕事を、最速で処理する能力」から見ていきましょう。

○期限を決めれば「行動力」が生まれる

最初の原則は、「とにかく期限を決める」こと。

「30分後にはじまる会議の発表資料がまだできていない……」

「1時間後にお客様へプレゼンする資料が未完成のままだ……」

誰でも一度や二度は、このような経験がありますよね。


思い出してみてください。そのときの自分の仕事の「スピード」を！

期限が迫ってきた途端に猛烈な行動力を発揮していませんでしたか？

そう、期限を決めることは「行動力」を生み出す最速最強の方法なのです。

以前、こんなクイズを知人から出されました。


「**どんなに仕事が忙しくても絶対に残業しない人には、どんな人が多いと思う？**」

皆さんは答えがわかるでしょうか？

要領のいい人？　頭のいい人？　いいえ、違います。

答えを聞いた私は思わず膝を打ちました。

その答えは「**保育園に子どもを預けているお母さん！**」

言われてみれば、子どもを保育園に預けていた時期、週の半分は私が迎えに行っていました。そのときは、日中どれだけ忙しくても時間通りに子どもを迎えに行っていました。あらゆる手を使って「期限」に間に合うよう会社を出ていたのです。

したがって、仕事の速度を上げたければ「**とにかく期限を決める**」**習慣**をつけましょう。

○結局、「期限」があるから仕事が進む

「**仕事の量は、完成のために与えられた時間をすべて満たすまで膨張《ぼうちょう》する**」

これは、1958年にイギリスの歴史学者および政治学者であるシリル・ノースコート・パーキンソンが提唱した「パーキンソン第一の法則」です。

たとえば、会議の時間を1時間与えられると、30分で結論が出る議題でも雑談をはさ

んで1時間かけようとする。上司が毎晩8時まで残業していると、部下は定時までに終わる仕事でも、ダラダラと進めて8時まで時間をかける。

このように「**人は与えられた時間をすべて使おうとする**」という法則です。

しかし、これは逆に言えば「**人は期限を決めれば、それに合わせて仕事を進める**」ということでもあります。締め切りを意識せずにはいられないこの性質を、逆に利用するのです。

私は、スマホのバイブレーション機能を使って、各仕事に「期限」を作っています。

さらに、使用中のスマホだとついラインやSNSを見てしまうので、以前に使っていたスマホをこのためだけに使っています。

しかし、バイブレーションが鳴ることはめったにありません。なぜならいつも設定時間より前に仕事を終わらせてしまうからです。そのくらい期限を決める力は大きいのです。

Point

とにかく「期限」を決めれば、それまでに終わらせる力が生まれる。

02

仕事が速い人は「5秒」で動く！
「一度はじめたら止まらない」科学的な方法

「やらなきゃいけない！」と頭ではわかっている。

でも、身体が動かないときって、ありますよね。

そんなときに役立つのが、第2原則「5秒ルール」です。

人は、5秒後には「やらない言い訳」を考えはじめる

あなたは、こんな経験をしたことはありませんか？

目覚まし時計が鳴っているのに、布団にくるまり、「寒いな、眠いな、起きるのがだるいな……今日は会議があるけど、中途半端にしか資料を作っていないから、部長に怒られるかもな……嫌だな……」なんて思っているうちに、起き上がれなくなる。

あるいは、満員電車でお年寄りが目の前に立っている。席を譲るか考えたけど、「そんな歳じゃないとか言われて、気まずい空気になったらどうしよう……」と不安が頭をよぎり、立ち上がれなくなる。

実は、こうした「考えているうちに、行動できなくなる」という現象には、ちゃんと理由があります。それはアメリカのテレビ司会者、メル・ロビンス氏が提唱している「5秒ルール」。

その内容とは**人間の脳は「何かをやる必要があると思ったときに、5秒以上考えてしまうと、やらなくてもいい理由を考えはじめる」**というものです。

なんと5秒！　たったの5秒でその後の行動が決まってしまうのです！

先ほどの例でいえば、5秒以内に起き上がる、5秒以内に立ち上がって席を譲る。そうしていれば行動に移せたのです。

では、5秒以内に行動に移すためにはどうすればいいか？

答えは簡単。「3、2、1、GO！」と、**心の中でカウントダウンするだけ。**

大変そうな仕事も、「3、2、1、GO！」で、まずは最初の一歩を踏み出してしまうのです。

返信が面倒なメールも、「3、2、1、GO！」で読みはじめて、さっさと返信してしまうのです。

自分の脳に、先延ばしする言い訳を与える間もなく仕事をはじめることで仕事のスピードはガラリと変わります。

○「まず1回」をやれば、1回で終わらなくなる

もう1つ「すぐに行動する」ためのヒントを紹介します。

心理学者のクレペリンが発見したと言われる「**作業興奮**」。簡単に言えば、「作業をやることで脳が興奮し、その作業をやり続けたくなる」という作用のことです。

たとえば、「なわとびを毎日100回跳ぶ」という目標を立てて、実行するとしましょう。最初の数日は、なんなく100回跳べるはずです。

しかし、何日か経つと「今日は寒いし、なんとなく手首が痛いな」などと、言い訳を考え出してサボってしまいます。そして三日坊主の道にまっしぐら。

こんな三日坊主を、どうやって回避するか？

答えは簡単。それは、

1回でも、跳ぶ！

「今日はサボりたいな」と思ったとき、「また明日からやろう」ではなく、「1回跳んだら終わりにしよう」と思うのです。這《は》ってでも外に出て、1回でいいから跳ぶ。

1回でも跳んでしまえば、こっちのものです。

せっかくだからと2回跳び、3回跳んで、10回跳んで、「えーい、やっちゃうか！」と勢いづいて、結局100回くらい跳べてしまうのです。1回でも跳べば、「作業興奮」が脳内に発生し、跳び続けようと無意識のうちに思うのです。

仕事も同じです。面倒なのは「はじめていないから」なのです。

だからこそ「5秒ルール」でとにかくはじめることが重要なのです。

はじめてしまえば、人はなかなかやめられない。「少しでいいからやってみよう。3、2、1、GO！」が最速で仕事を処理するコツなのです。

Point

「5秒ルール」と「作業興奮」を利用して、すぐやる人になる！

03

「動きながら考える力」を持つ
「仮説検証」を続けていれば、仕事も速くなる

何かをはじめるときは、準備が必要です。
でも、慎重になりすぎて、準備ばかりしているのは時間の無駄。
仕事が速い人は「動きながら問題点を見つける」のです。

○ 真の問題点は「動かないと見えない」

行動することが不安でなかなか動けない……という悩みをよく聞きます。
そういう人のなかでも、日常的な業務は、割合スムーズに進められる人が多くいます。
しかし、次のような仕事をはじめるときは、どうでしょう？

「初めての仕事」
「クリエイティブな仕事」
「難易度の高い仕事」

この手の仕事をはじめようとすると、一気に不安になり、思考停止になって、最初の一歩が踏み出せなくなってしまうのです。

と偉そうに語っていますが、実は以前の私もそうでした。新たな一歩を踏み出す前には、失敗を恐れるあまり、とにかく情報を集めまくるタイプの人間でした。

税理士の資格を取得して「いざ、開業に踏み出そう！」となったときには、

「いや、待てよ……。法人税と相続税は重要な税法なのに、自分は受験していない。開業前に勉強して極めておかないとダメだな」

「いや、それ以外の税法も、専門学校のＤＶＤで事前に勉強しよう」

「会計用ソフトを購入するならパソコンの知識がいるから、そっちの本も熟読しないとな」

などと考えるばかりで、なかなか開業という一歩が踏み出せないでいました。

しかし、これこそが仕事が遅い人の陥《おちい》る罠《わな》なのです。

なぜなら、**動いてみないと本当に大切なポイントはわからないから**です。

事実、いろいろと考え抜いた私は、とにかくまずは開業しようと改めました。

開業してから弱いところは修正していけばいい。

そう考えて、開業に踏み切ってみると……**ほとんどの心配は杞憂《きゆう》だったのです**。

相続案件はそんなに来ないし、会計ソフトは素人でもわかるような解説付きで、簡単に操作ができたのです。


むしろ開業したことで、本当に大切なポイントが見えてきました。

それらのポイントは、開業前の自分では思いもよらなかったものばかりでした。

こんなことなら、もっと早く開業すればよかった、と思ったほどです。

だから**本当の課題や問題点を見つけるためにも、まず動く**ことが大切なのです。

○何度も試していると、最終的に仕事は速く終わる

ここでポイントが1つあります。

それは、**動きながら、試すこと**。

考えなしに行き当たりばったりで行動するのではなく、仮説を立ててそれを検証しながら動く、ということです。

ざっくりとした仮説で構いません。仮説を立てて行動する。立てた仮説が違うような

ら、新たな仮説を試してみる。その過程で必要になったら情報収集を行っていくのです。

情報収集が先ではありません。

仮説があって、行動してみて、初めて情報収集の必要が生まれるのです。

自動車メーカーホンダの創業者、本田宗一郎氏もこんな言葉を残しています。

「人生は『見たり』『聞いたり』『試したり』の3つの知恵でまとまっているが、一番大切なのは『試したり』であると思う」

ビジネスは限られた時間のなかで成果を出さなければなりません。

情報収集に時間を取られていたら、結局、仕事が遅い人になってしまいます。

仕事が速い人は、試し続けているから仕事も速く終わるのです。

Point!

動きながら、試す。
答えは、動いた先にある。

04

すべての仕事を「細分化」せよ

先延ばしがなくなる「アイスピック仕事術」

やっかいな仕事って、つい後回しにしてしまいがち。

でも、それでは仕事の仕上がりは遅くなってしまいます。

そこでおすすめしたいのが「アイスピック仕事術」です。

○「好楽円《こうらくえん》」な仕事に要注意！

あなたは、どんな仕事だったら進んでやる気になりますか？

「**好きな仕事**」だったら、やれと言われなくてもやりそうですよね。

「**楽な仕事**」「**円滑に進む仕事**」も、負担がないので進んでやる気になりそうです。


私のセミナー講師の師匠の1人である箱田忠昭《はこだただあき》先生は、これらの仕事を「**好楽円な仕事**」と呼んでいます。そして、同時にこう言っています。

「**好楽円な仕事には、要注意！**」

なぜなら「好きな仕事」「楽な仕事」「円滑に進む仕事」を気の向くままに行うと、残るのは、「嫌いな仕事」「大変な仕事」「面倒な仕事」ばかりになってしまうから。

しかも午後、集中力も切れてくる頃に、これらの仕事を行うのは余計に辛い。

集中力がみなぎっている午前の時間帯に、「好楽円な仕事」をして、集中力が切れてきた時間帯に難易度の高い仕事を行うなんて非効率的。**「力の入れどころ」を間違えている典型**です。

と、わかっていても難易度の高い仕事は気が乗らないもの。だからつい、楽なほう、楽なほうに逃げてしまう。よほど意識をしていないと、そうなってしまいます。

○ 難易度が高い仕事は、砕《くだ》いてしまえ!

先延ばししたくなる難易度の高い仕事を、軽微な仕事に変える方法があります。

その方法とは、仕事を「**細分化**」することです。

たとえば、経理部門で一番大変な仕事といえば、「決算」です。

経理部門の人がこう言っているのを聞いたことはありませんか。

「いよいよ来月から決算だ！」「今月は決算だから飲みに行けない！」……そう、こんな言葉が出るくらいに、決算はやっかいな仕事なんです。

だから、「そろそろ決算だな」と思っても、なかなか取り掛からずに先延ばし。結局、期限ギリギリに仕事をはじめてバタバタしてしまい、やり直しも増え、最悪、申告ミスなんてことになりかねません。

では、どうするか？　前述の通り仕事を細分化するのです。

私は「決算」という仕事の業務を、次のように細分化していました。

①昨年の決算書のコピー
②現金のチェック
③銀行に残高証明書を取りに行く
④受取手形のチェック
⑤支払手形のチェック……（以下、細分化した業務が続く）

細分化することで、「去年の決算書のコピーぐらいはしておくか」とコピーを取り、手が空いているA君とBさんに現金のチェックを任せます。Cさんが銀行に行くと言っていたので、ついでに残高証明書も取ってきてもらう……といった形で、やっかいな決算という仕事を一歩一歩、前に進めていったのです。

私は、この仕事術を「**アイスピック仕事術**」と名付けました。

大きな氷の塊《かたまり》を、アイスピックで砕くことで、小さな氷に細分化していくのです。アイスピックで細かな氷に砕いてしまえば、大きな氷の塊のままより何倍も溶けるのが速くなります。

仕事も同じです。細分化すればするほど、簡単に片づくのです。

つまり、**大きくて難易度の高い仕事を細分化して、「好楽円な仕事」へと変化させている**のです。

やっかいな仕事を先延ばしにしてしまう方は、ぜひ「アイスピック仕事術」を試してみてください。

Point

巨大な氷山も砕いてしまえば、単なる氷のかけら！

05

他人の時間を上手に使う「任せ方」

自分の時間は買えないが、他人の時間は買える

仕事を速く進めようにも、自分でできることには限界があります。
そこで仕事が速い人がやっているのが、「任せる」というワザです。

○それは本当にあなたがやるべき仕事か？

本項では、「人（や物）に任せるべき仕事を、うまく任せる能力」についてお話しします。と、その前に1つご紹介したい言葉があります。

「**自分の時間は買えないけれど、他人の時間は買える**」

この言葉を初めて聞いたとき、私は雷に打たれたくらいの衝撃を受けました。

「目からウロコ」とは、まさにこのこと。

1日は24時間しかありません。街角のゴミを拾ったら、ご褒美で1日が26時間に増え

たり、ゴミを捨てたからといって1日が22時間に減ることはありません。

すべての人間にとって、1日は等しく24時間だと決まっています。

どんなお金持ちでも、時間はお金で買えません。

しかし、それは自分の時間の話。他人の時間であれば「正当な成果と報酬を示し、代わりにやってもらう」という選択肢が生まれるのです。

これが任せることの本質です。


それまでの私は、独り寂しく夜中の11時まで残業をしていました。

そこから「変わるぞ！」と決心した私にとって、この言葉はまさに至言《しげん》でした。

この言葉を知ってからは、「任せること＝他人の時間を買うこと」を意識するようになりました。「この仕事は誰かに頼めないだろうか？」と常に考え、「これは頼める！」と判断したものは人に任せるようになり、仕事が劇的に速くなったのです。


イギリスのある大学の調査によれば、**事務系の職場の上司は、本来なら部下でもできる仕事の41％を自分で抱え込んでしまっている**そうです。

生産性が高いと言われているイギリスでさえそうなのです。先進国のなかで、もっとも生産性の低いわが国（日本の「労働生産性」は、47年連続で主要先進7か国で最下位）の上司なら、41％どころか、もっと多くの「部下でもできる仕事」を、自分でやってしまっているはずです。

○WIN-WINの関係なら、上司にだって仕事は頼める

なお、これは決して「人に仕事を押しつけろ」という意味ではありません。

大切なのは、任せた相手にも「正当な成果と報酬」があること、つまり**WIN-WINの関係が成立している**ことです。

そう考えれば、「上司に仕事を任せる」という発想も生まれてきます。

たとえば、「往復で6時間もかかる得意先A社に最終契約をしに行く」という仕事があったとします。そんな状況であれば上司にこんな提案をするでしょう。

「部長、A社との契約が決まりました！　もし部長に出向いていただければ、さらに値引きに応じてくれるかもしれません。もしよろしければ、A社への訪問、代わりに行っていただけないでしょうか？　その間に私は、例の大型物件の見積書を作成してしまいますので……」

こう言われたら、上司も悪い気はしないでしょう。

もしかしたら、先方が本当に値引きに応じてくれるかもしれないし、契約の締結というおいしい場面を譲り、部長に花を持たせることにもなります。大型物件の見積書の作成をしたいという熱意も、ゆくゆく上司の手柄につながるなら悪くないものです。

そして何より、**上司にお願いする（任せる）ことで、私の時間は6時間も浮く**のです。

私が言いたいのは、決して「**任せることは、悪いことではない**」ということです。

任せた相手にもプラスを生み出すＷＩＮ－ＷＩＮの行動です。

「仕事が遅い、時間が足りない」と嘆いている方は、仕事に取り掛かる前に「これ、誰かに任せられないかな？」と考えるようにしてみてください。

Point

「任せる」コツを押さえていれば、
仕事は無限に速くなる！

06

仕事は「時給」で考える
できる人は「費用対効果」を常に計算している

経費や資産購入は、無駄な出費と考えて、コスト削減に走りがち。
しかし、そのせいで本来の仕事のパフォーマンスが落ちては本末転倒。
仕事が速い人は、常に「費用対効果」を意識しています。

○そのコストカットは、本当に「得」か？

最速で仕事を終わらせるために、「自分が注力すべき仕事とそうでない仕事を、適切に見分ける能力」について、お話しします。

先ほど、「他人の時間はお金で買える」と言いましたが、そのためには「自分の時間の価値を知っておく」必要があります。

たとえば、こんな話があります。

「隣町のスーパーの大根が50円安かったから、わざわざ買いに行ったのよ。私って、賢い主婦よね。半日がかりで、電車賃は往復400円かかったけど……」

もちろんこれは笑い話ですが、あながち笑ってばかりもいられません。

私たちの日常でも、**目先の利益を追い求めるあまり、長期的に見て損をしたり、時間を失ったりすることがよくある**からです。


だから私は、**いつも「費用対効果」を考えるように意識**しています。

費用対効果といっても、ちょっとしたことです。

たとえば、30分以上列車に乗車する際、私はグリーン車を利用するようにしています。

グリーン車の値段はそれぞれですが、決して安い額ではありません。単純に「お金」だけを見れば無駄のように思えます。

しかし、私は安くない値段を払って乗るグリーン車だからこそ、その時間を有意義に過ごそうという思いにかられます。だから原稿執筆や読書などがとてもはかどります。

さらにまわりを見わたすと、ゲームで遊んでいる人より、仕事をしている人が目立ちます。そのような光景を見ると、「自分もまだまだ努力しないといけないいな」といい影響を受けるのです。

こうした効果を考えれば、私にとってグリーン車の料金は安いものです。だからコストカットを考えるとき、**仕事のパフォーマンスに影響するものは削らないほうがいい**のです。

○「感情や満足度」まで含めた判断を

費用対効果を考えるうえで、教訓となる私の失敗談をお話しします。

総務課長として、会社のパソコンの管理をしていたときのこと。

現場から「パソコンの処理速度が遅くなったから、借り換えてほしい」という要望が上がってきました。確認してみると、数秒程度動かなくなるだけ。

「たった数秒、我慢すればいいだけじゃないか」と判断した私は、パソコンを借り換えるコストを考えて要望を見送りました。

その半年後、私は自分の判断ミスに気づいたのです。

私のパソコンも処理速度が遅くなりました。パソコンが数秒フリーズするたび仕事のリズムが崩れ、集中力が途切れるのです。

そのたびにコーヒーを飲みに行ったり、タバコを吸いに行ったり（今では禁煙しました）、仕事の生産性が大きく下がったのです。

今にして思えば、完全な判断ミスでした。私のせいで、どれほど現場の仕事の効率が下がったかと考えると、今も胸が痛みます。

「わずか数秒」のフリーズが、社員全体のパフォーマンスにどれだけ影響を与えるか考慮できなかったのが、私のミスです。

金額や時間といった数字的側面だけではなく、**その変化がもたらす感情や満足度といった気持ちの側面も考慮に入れる必要があります**。

そのための方法の1つとして、「時給」を考えることをおすすめします。

総支給額を出社日数で割って、さらに1日の勤務時間で割ると求められます。

たとえば、A社員が年収500万円で250日出社、1日8時間労働なら、「500万円÷（250日×8時間）＝2500円」ですから、時給は2500円です。

こう考えると、ある仕事に10時間かけるくらいなら、外部の人に任せよう、もしくはそもそもやらなくていい、という選択肢も生まれるのです。

Point!

費用対効果は、時給で考えると「損か得か」わかりやすい。

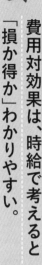

07

やらないことを決める「無駄な慣習」に気づく3つの方法とは？

「費用対効果」を考えて、効果が高ければ「時間をお金で買う」。

それ以上に、劇的に効率アップを図る方法があります。

それが、「やらないことを決める」という選択です。

○最高の「費用対効果」が得られる方法とは？

前項では、「費用対効果」について触れました。

しかし、それ以上に「最高の費用対効果」を実現する選択肢があります。

それは、「**やらない**」という選択です。

「やらないことを決める」のは、究極のスピード仕事術なのです。


かつて私が転職した建設会社では、「原価計算報告書」という書類を会計ソフトで出力した後、わざわざエクセルに打ち直しカラーで出力して役員に回覧していました。

転職してきた私は、「なんて無駄な作業をしているんだ」と思いました。半年後、その業務の担当になったのを機に、会計ソフトから出力された書類を、そのまま役員に回覧しました。1か月経ち、2か月経ち、3か月経ち……文句を言ってくる役員は、なんとゼロ。1人もいません。

その後よくよく聞くと、以前、事務員が時間を持て余していた時代にはじめた慣習が、今も残っていただけでした。つまり「やらなくてもいい業務」だったのです。

企業どころか、国でさえ、「意味のない無駄なこと」を続けていた例もあります。

学校などで行われる身体測定で2015年に廃止されるまで70年も続いた「無駄な検査項目」があったのですが、何だかわかりますか？

答えは、「座高」です。何のために測っているのか、誰も疑問に思わないまま、70年も測定を続けていたのです。

○「やらないこと」の賢い見つけ方

現代経営学の父、P・ドラッカーも、「必要のない仕事をやめれば生産性が上がる」と説いていますし、ジョブズやザッカーバーグなどは同じ服を何着も持つことで、「服を選ぶ時間」すら自分の時間から省いています。

しかし、**最初から無駄だと思って行動している人はいません**。
無駄だということに気がつかないから、続けているのです。
では、どうしたら無駄な慣習に気づき、改善できるのか。有効な方法は次の3つです。

【無駄な慣習に気づく3つの方法】

1. 転職者の意見に耳を傾ける

社内にいながら、その枠にとらわれない視点を持つ人。それは「転職者」です。

先ほど紹介した過去の私が良い例でしたが、転職者は、転職先の良い点も悪い点もよく見えます。しかし反感を恐れて、なかなか自分からは改善方法を指摘しません。

何か職場を改善したいヒントを得たいと思ったら、こちらから以前の職場との違いなどを聞いてみましょう。

2. 新入社員の話を否定しないで聞く

社内の枠にとらわれないという意味では、新入社員の話も見過ごせません。

新入社員は、古参社員に見えなくなった慣習を見つけ出してくれます。

「常識がない」「突拍子《とっぴょうし》もない」と思う話もありますが、否定せずに「聞く」ことで、普段の業務だけでは思いつかないヒントが得られるはずです。

3．外部の知見と照らし合わせる

外部の知見とは、「ビジネス書」「セミナー」「異業種交流会」などのことです。時間術、コミュニケーション術、リーダー論などが書かれた書籍は、会社での課題解決には最高のパートナーです。

各分野の専門家であるセミナー講師から直接聞いた話は、深い理解を促し、疑問点があればその場で質問することもできます。

異業種交流会に参加すれば、各社が実践している時間効率や残業削減の取り組みについて、情報交換することで互いの会社にメリットがあります。

いかがでしたか？　第1章では、仕事が速い人がやっている「7つの原則」についてお話をしました。仕事が速い人に共通する、基本となる考え方や心構えです。

続く第2章では、事務作業や個人タスクが速くなる秘訣についてお話ししていきます。

Point

「やらないこと」を見つけるのが、もっとも賢い時間術。1時間見つけたら、1時間の時間が空く。

第2章

作業効率が劇的に上がる
最速「タスク処理」メソッド

01

重要な仕事は「朝イチでやらない!」

スタートダッシュを最速で決める秘訣

本章では、「事務作業・個人タスク」が速くなるコツをお伝えします。

まずは、「朝イチ」。すぐやるべきは、仕事モードへの切り替えです。

あなたは、オンとオフを切り替えるスイッチを、持っていますか?

○仕事が速い人は、頭の切り替えも速い

私は仕事をするとき、最初にやることがあります。

それは「**仕事モード」へのスイッチを入れる**ことです。

かつて、『働きマン』(安野モヨコ著、講談社)という人気漫画が原作のテレビドラマがありました。

主人公は、出版社に勤務する28歳の女性雑誌編集者、松方弘子。菅野美穂扮する彼女は、いったん仕事モードに入ると、趣味もデートも寝食も忘れて仕事に没頭する仕事人間。毎回、彼女が仕事モードに入る姿が面白く、放送を楽しみにしていました。

一方、それを見ていた当時の私は、「仕事モード」に切り替える意識ゼロ。

出社すると、まずは話好きのベテラン女性社員とタバコを吸いながら談笑。今では信じられないですが、オフィスに喫煙室などなく普通に事務所でタバコを吸うことができました。一通り談笑し終えたところで仕事をはじめていたのです。

これでは、仕事モードのスイッチを入れるどころではありません。

もちろんそんな私は、仕事が遅い社員の代表でした。


仕事が速い人は、例外なく「仕事モードへの切り替え」も速い。

だからあなたも、仕事モードに入る「スイッチ」を作ってください。

現在の私のスイッチは、「眼鏡を変えること」！

室外用の眼鏡から室内用の眼鏡に変えた瞬間、仕事モードに入ると決めています。

おかげで昔と違って、仕事をはじめずにダラダラすることはありません。

指サックをしたとき、コーヒーを飲み干した後、伸びをした後など、スイッチとなる動作は何でもOKです。自分なりの「オフからオンになる仕事スイッチ」を決めてみてください。

○朝イチで「優先順位の高い仕事」はやらない！

スイッチをオンに切り替え、仕事モードに入ってから注意すること。

それは、**「優先順位の高い仕事に取り掛からない」**ということです。

ビジネス書にはよく、「優先順位の高い仕事からやりなさい」と書いてありますよね。午前中の集中力がある時間帯に優先順位の高い仕事を行い、集中力が切れてくる午後に簡単な仕事をする。実際、私もそうしていますし、部下にもそう伝えています。

しかし、注意するのは、決して**朝イチからではない**ということです。

優先順位の高い仕事は、難易度も高い仕事である場合が多く、仕事のリズムも崩れがち。「よしやるぞ！」と気合を入れても、面倒で大変で、挫折してしまう可能性もあります。朝から挫折すると、仕事が進まなくなってしまうのです。

私が、早起きして資格試験の勉強をしていたときのこと。最初から難易度の高い問題を解こうとすると頭が回らず、せっかく気持ちのいい羽毛布団から抜け出したのに逆戻り。再びダイビングして潜《もぐ》り込み、出勤準備ギリギリまで眠りに落ちることが、何度もありました。

そんな経験から、寝起きは「単語帳を10ページだけ復習する」「目次を眺める」「昨日のおさらいをする」など、頭に負荷のかからないものからはじめることにしました。

最終的には、間違えたところをまとめたノートを毎朝3ページ確認してから、過去問や総合問題などを行うという流れに落ち着き、テンポが崩れないため勉強効率が飛躍的に上がりました。

仕事も、まずはウォーミングアップからはじめましょう。

私は、会社に着いたら「昨日あったことを手帳に書き留める」「スケジュール帳を見て今日の日程を確認する」「自社が持っている株価の動向を見る」「田舎に住む母へメールをする」という4つのルーティンを行ってから、優先順位の高い仕事を行います。ルーティンの所要時間はたったの5分。この時間があるかどうかで、生産性はガラリと変わります。

Point!

仕事スイッチをオンにして、最初のアクセルはゆっくりと踏み込む！

02

最速で思考整理する「ノート術」

あらゆるタスクを「見える化」して管理する方法

あなたの事務作業・個人タスクを速くする2つ目の秘訣。

それは、「ノートの使い方」にあります。

少し工夫するだけで、仕事の速度は劇的に変わります。

ノート1つで「安心感」が高まる

私は仕事をはじめる前に、必ずその日1日のスケジュールを確認します。

そのとき一緒に開くのが「**やることノート**」です。

ノート術については、拙著《せっちょ》『残業ゼロのノート術』（きずな出版）に詳しく書いていますが、仕事を速く進めるうえで、「ノート」は最強の味方になります。


仕事を速くするためのノート術。

それは「**やることをすべて、1冊のノートに書き出す**」こと。

その日にやるすべてのことが「やることノート」に載っている状態にすることです。

たとえば、こんな経験はありませんか？

スマホのメモ機能には、電車に乗っているときに思いついたタスクが書かれている。

パソコンの両サイドの付箋紙には、人から頼まれた仕事が書かれている。

デスクの上には、今日中に電話しなければならない相手の名刺がある。

そして頭の中には、朝に家族から頼まれた「会社帰りにスーパーで買う夕飯の食材」という最重要ミッションが記憶されている……。

どうでしょう、考えただけでも、ストレスがたまらないでしょうか？

やることがいろんな場所に散乱していると、**目の前の仕事に集中できません**。

もちろんメモ自体が悪いわけではありません。すぐにノートに書き写せば問題ありません。

すべての情報を「ひと目で見える」状態にすることが重要なのです。

そんなときに有効なのが、「1冊のノートに書き出す」ことなのです。

「やることノート」の最大のメリットは、**「安心感と達成感」が飛躍的に高まる**ことです。

やるべきことがすべて書いてある！　**ここに書いてあることさえ行えば、今日やることはすべて終わるんだという安心感**。これが大切なのです。

真っ暗なトンネルを歩いていて、先が見えないと不安ですよね。たとえ10メートル先に出口があったとしても、その出口が見えないと不安です。一方、たとえ１００メートル先であっても、出口から差し込む光が見えていれば、安心して歩き続けることができます。

今日、どれだけ仕事を行えば終わるのかわからなければ、真っ暗なトンネルをさまよっているのと同じ。あれもやらなきゃ、これもやらなきゃ、いったいいつ終わるんだ、と不安なまま仕事をしなくてはなりません。

逆に、「今日やるべきこと」が、１冊のノートに「見える化」されていれば、後はそれを淡々とこなしていくのみ！

「やり漏《も》れ」がないと確信するだけで、大きな安心感を得られます。

○プライベートも含めたすべてを「見える化」すべし

「やることノート」を使うとき、1つポイントがあります。

それは、**仕事だけではなく、プライベートも含めて、すべてのタスクを記入すること**です。

「公共料金をコンビニで払う」「ハガキをポストに入れて帰宅する」といったことも、すべて「やることノート」に書いてください。

仕事も含めたあらゆるタスクをノートに書くことで、**「忘れても大丈夫」と思えるので、目の前の仕事に集中することができます**。

「やることノート」は、仕事をはじめる朝や、終わった夜に書くだけではなく、やるべきことを思い出すたびに、その都度追加します。

上司に指示されたことや、部下に任せる仕事も、こまめに書き加えていってください。

そして**やり終えたタスクは、赤丸をつけて任務完了**。

どんどん赤丸が増えていくのを見ていると、仕事をやり遂げたという達成感も生まれ、仕事が楽しくなります。

○「やることノート」は、「アイスピック仕事術」とも相性抜群！

第1章で説明した仕事が速い人の大原則の1つ、「アイスピック仕事術」。

やっかいで面倒な仕事は、大きな氷を砕くように細分化してしまえば、速く終わるとお伝えしました。

「やることノート」にやるべき項目を一つひとつ書いていくことは、「アイスピック仕事術」と非常に相性がいいのです。

やっかいで面倒な仕事は、**「やることノート」になるべく細かく分けて、書き出す**のです。

たとえば、決算業務の場合は、

1．決算
①昨年の決算書のコピー
②現金のチェック
③銀行に残高証明書を取りに行く
④受取手形のチェック

⑤支払手形のチェック

このように書けば、「決算」業務がすべて終わらなくても、項目が終わるたびに赤丸を付けることができて、気分が良いのです。

この気分の良さが、達成感となり、仕事の速度を格段に上げてくれます。

ちなみに、「やることノート」に書いたけれど、その日にやり切れず、翌日にまわすときは、翌日のページにその項目を新たに書き写します。そして「やり残したこと」がひと目でわかるように、青丸をつけて繰り越します。青丸をつけた屈辱から、翌日は絶対に赤丸にするぞ、と気合も入ります。

このように赤丸をつけることで達成感が上がり、仕事にリズムも生まれます。そのリズムが、あなたの仕事の速度を上げてくれるのです。

Point

「やることノート」の項目を消していく快感が、仕事の速度を上げる。

03

「やることノート」超・活用術！

「やることノート」の効果を倍増させるテクニック

前節で、事務作業・個人タスクが速くなる秘訣として、その日にやることを、すべてノートに書くことをおすすめしました。その効果について、もう少し補足します。

○ノートに書いたことは「自然とやりたくなる」もの

なぜ、頭で考えているだけではなかなか行動できないのに、「やることノート」に書き出すだけで、やる気が湧いてくるのでしょうか？

これには、ちゃんとした根拠があるのです。

心理学には「**予言の自己成就**」というものがあります。

人は、「予言したことを行いたくなる」衝動にかられるのです。

つまり、紙に書き出すことが「予言」の代わりになり、「書いたことをやろう！」という心理が働くのです。

ですから、「すぐやる人」は、やるべきことを即座にアウトプットする。

逆に、「なかなか動けない人」は、頭の中で「あれもやらなきゃ、これもやらなきゃ」と考えているだけ、ということになるのです。

やるべきことをノートに書き出すのは、アウトプットの第一歩。

頭の中で考えていたことを外に飛び出させる行為ということです。

書き出すことで、「予言の自己成就」の心理通り、間違いなくやりたくなります。

○タスクは「がむしゃら」にやってはいけない！

ただし、1つだけ注意点があります。

人間は、書き出したことを「上から順番に行いたくなる」という性質があることです。

ノートの後半に優先順位の高い仕事を書くと、つい後回しにしてしまいます。ですから、「上から行いたい」という衝動にかられずに、書き出した項目を一度眺めて、優先順位を決めてから行動する。

たとえば、やるべき順に、連番をふるといった形で可視化するといいでしょう。

○「やることノート」の「優先順位」をつけるコツ

やることをノートにすべて書き出すと、全体を見渡すことができます。
やるべきことをあらかた書き出したら、

○優先順位の高い仕事はどれか？
○自分でやるべき仕事はどれか？
○人に任せられる仕事はどれか？
○今日中にやるべき仕事はどれか？
○明日に回してもいい仕事はどれか？
○そもそもやらなくてもいい仕事はどれか？

といった視点で、タスクを整理、分類すれば、優先順位が判断しやすくなり、驚くほど仕事は速く進むようになります。

○「やることノート」があれば「決断」も速くなる

「やることノート」があれば、決断も速くなります。

たとえば、自分のタスクで手一杯なのに、新たに仕事を依頼された場合。「やることノート」で普段から優先順位を考えていれば、「人に任せられないか?」「期限は今日中でなければいけないのか、もう少し調整できないか?」「そもそも自分がやるべき仕事なのか?」といった視点が自然と出てくるようになります。

「やることノート」で、仕事量を明確に把握することで、突発的な仕事を頼まれたときも、素早く決断することができ仕事の速度が劇的に上がります。

自分でやらないことを決め、任せられることは任せることを判断する道具としても「やることノート」は優れているのです。

Point

「やることノート」は「予言の自己成就」を刺激し、「やらなくてもいいこと」も明確にしてくれる。

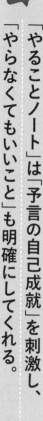

04 すべての仕事は「15分」で区切る

無理なく仕事が続く「超・集中法」

事務作業・個人タスクを速くする有名な方法に、「ポモドーロ・テクニック」があります。

ここでは、その効果が倍増する「ある秘訣」を紹介します。

○最高の時間術「ポモドーロ・テクニック」

世界中で爆発的に広まった時間管理のテクニックがあります。
その名は「**ポモドーロ・テクニック**」。
方法は実にシンプルです。
「**タスクを、25分間続けたら、5分間休憩する！**」
これを繰り返すだけで、仕事を集中して続けられるのです。
仕事のほかにも、勉強、読書、掃除など、やりたいタスクは何でもＯＫ。

たとえば、8時間あれば、単純計算で16個のタスクをやり遂げられます（実際には、4回転ごとに30分休憩するので、12〜13個が目安になります）。

開発者は、実業家であり作家でもあるイタリア人、フランチェスコ・シリロ。もともとはソフトウエアのエンジニアで、常に締め切りに追われる仕事をこなすために、キッチンタイマーを使ってこの仕事の進め方を編み出したのだとか。

ちなみに、彼が最初に使ったゼンマイ式のキッチンタイマーがトマト型だったことにちなんで、イタリア語でトマトを意味する「ポモドーロ」から、「ポモドーロ・テクニック」と呼ばれているそうです。

私は、このテクニックを知るや否や、さっそく試してみました。

結論からいうと、**その効果は驚くほど絶大でした！**

まず実行するタスクを12個決め、タイマーを25分に設定します。

タイマーが鳴るまで、ひたすら作業に集中。

タイマーが鳴ったら、実行したタスクに赤丸をつけて、5分間休憩。

深呼吸したり、目を閉じて疲れた目を休ませたり、コーヒーを飲んだり……。

この5分という休憩時間は、短すぎず長すぎず、直前の仕事をリセットして次の仕事への活力を生むのにベストな時間でした。

会計事務所に1人こもっての書類作成、自宅でのビジネス書の執筆、セミナーコンテンツの練り直しや練習……。25分間集中して5分間休憩するサイクルによって、さまざまなタスクがどんどん片づいていきました。

1日が終わると、疲れてヘロヘロになりましたが、それだけ仕事に集中し、没頭できていたということでしょう。

○ポモドーロ・テクニックをオフィスで実践するコツとは？

ぜひ、あなたもポモドーロ・テクニックを使って、集中して仕事を速くしてください！

と、おすすめして終わりたいところですが、私の経験から1点補足したいことがあります。

それは、**ポモドーロ・テクニックが効果を発揮したのは、1人になれる環境だけだった**ということです。

私は月曜日から金曜日まで建設会社の総務経理として働いています。そちらの時間帯でもポモドーロ・テクニックを試してみたのですが、1人のときのようにうまく仕事を進めることができず、続行を断念しました。

理由は簡単です。**日本のオフィスでは、25分も仕事に集中し続けたり、勤務中に勝手に5分間の休憩をとることが難しい**からです。

たとえば、「これから25分間、集中して仕事をするぞ！」と意気込んでも、急に電話がかかってきたり、上司や部下に声をかけられたりしたら、集中は途切れてしまいます。あるいは、1日のうちで何度も5分間休んでいたら、同僚から「気分悪いの？　早退する？」と心配されそうです。下手すれば上司から「何をさっきからサボっているんだ！」と言われてしまうかもしれません。1人で仕事をしているときの5分間は最適ですが、会社では長すぎるのです。

ポモドーロ・テクニックは、オフィスのデスクが個人個人で区切られているのが一般的なアメリカなら可能かもしれませんが、パーテーションもない日本のオフィスでは、同僚や上司の目が気になって、なかなか実行できないのです。

○ポモドーロ・テクニックの日本版「15分間仕事術」

そこで私は、「ポモドーロ・テクニック」の精神を活かしつつ、日本のオフィスでもやりやすいように進化させました。

いろいろと時間を区切り、休憩時間も試してみて、導き出された最適なサイクル。

それは、

「14分間仕事に集中し、1分間休憩する」！

「15分間」のサイクルが、日本のオフィスでポモドーロ・テクニックを実行するコツです。

仕事を15分で区切るといっても、15分きっかりで仕事が終わるわけではありません。15分以内に終わらせる強い意志があれば、数分の時間が余ります。

余った時間は、メールの確認や、部下との軽い打ち合わせ、「やることノート」を見て進み具合をチェックするなど、こまごまとしたタスクに充《あ》てるのです。

イメージとしては、「15分」という箱の中に大きな石（＝タスク）を先に入れ、スキマに砂（＝1～2分でできること）を入れて箱を満たしていくイメージです。

さらに、1時間に1～2分、目を閉じて休憩します。

パソコン仕事が多いと目が疲れます。1～2分目を休めるだけで、次の仕事で最高のパフォーマンスと集中力が発揮できます。

日に何度も5分の休憩をとるより、「石川式ポモドーロ・テクニック」のほうが、日本の会社組織では、ずっとやりやすい方法です。

15分という期限を意図的に作り、その時間に集中することで、仕事は驚くほどはかどります。

Point!

日本のオフィスでは、「14分間集中＋1分間休憩」が最適。

05

付箋紙は決して「使ってはいけない」
タスク管理の「意外な落とし穴」

タスク管理の定番、付箋紙。
でも、やることを付箋紙に書いて貼るのはNG！
その意外な理由を説明します。

○付箋紙でタスク管理をしてはいけない「4つの理由」

パソコンの画面横に「やること」を書いた付箋紙をベタベタと貼って、タスク管理をしている人がいます。彼らは「やるべきことが常に見える化されているし、やり終えたら付箋紙をはがしてゴミ箱に捨てるのが、たまらなく爽快《そうかい》なんだ！」と言います。

私も、以前は「付箋紙派」だったので、その気持ちはよくわかります。

しかし、そのうえで私は、このように言い切ります。

パソコンの画面横に付箋紙を貼って、タスク管理をしてはいけない！

理由はいろいろありますが、1つ目は、「**目の前の仕事に集中できない**」ことです。

目の前の仕事に集中するためには、他の物に目がいかないようにする必要があります。

パソコンの画面横にタスクが書かれた付箋紙がびっしりと貼られていたら、気が散って目の前の仕事に集中できません。


2つ目の理由は、「**見慣れてしまう**」ことです。

ずっと同じ場所に貼られていると、いつしかカレンダーやポスターを見ている感覚になり、貼ってあることに脳が慣れてしまいます。

すると、「やらなければいけない」という焦燥《しょうそう》感が消え、目では見ているのに景色と同化してしまって、「まだやっていない」ことが、脳に認識されなくなるのです。

そのうちに、いつの間にか剥《は》がれ落ち、年末の大掃除のときにドライフラワーのように乾燥した付箋紙がデスク下の床に落ちている……と、そんな哀しいことになりかねません。


先に「やることノート」でタスクを管理する話をしましたが、付箋紙よりもノートが良い理由もここにあります。

「やることノート」に毎日やることを書いていると、見慣れることはありません。それどころか、**やらないことに「罪悪感」を生み出す仕組みになっています**。

「やることノート」では、その日にできなかったタスクは青丸をつけ、翌日のページに書き写します。「営業年度終了報告書の作成」というタスクが、その日のうちに完成しなければ、翌日のページにも、「営業年度終了報告書の作成」と書き写すのです。

何日も先延ばしして、繰り返しているとどうなるか？

いい加減、やりたくなります。「このタスク、もう書き写したくないよ」と（笑）。

貼りっぱなしの付箋紙と違い脳が慣れることがありません。書き写すことで罪悪感が生まれ、一刻も早くやろうとするのです。パソコンの画面横の付箋紙では、「いい加減やろう」という気持ちが生まれてこないのです。

3つ目の理由は、付箋紙のタスク管理では「**記録が一切残らない**」ことです。

「去年のこの時期、何をやっていたのか？」と知りたくなっても、タスクを書いた付箋紙はゴミ箱に捨てられています。そのため、記憶に頼るしかないのです。

一方、「やることノート」に書いていれば、「去年の○月△日に、このタスクをはじめて、こういう順番に進めたのか」とか、「○○を用意するのに△日かかったのか。じゃあ、今年はもう少し早く○○に着手しよう」など、貴重なデータが残るのです。

私は一度やったタスクを翌年以降もやるときには、都度、過去の「やることノート」のページを見返し、抜け漏れがないか確認しながら進めるようにしています。

このように「やることノート」は、作業日誌のように備忘録代わりにもなるのです。

最後にもう1つ、私が付箋紙でのタスク管理をおすすめしない理由。

それは「**付箋紙だと期限がわかりづらい**」からです。

仕事をもっとも速く行う方法は、すでにお伝えしたように「期限を決めること」です。

付箋紙だと期限を書き込むスペースもなくわかりづらい。

もしあなたが付箋紙派なら、「やることノート」を使ってみてください。仕事全体が見え、期限もわかり、先延ばしに罪悪感も芽生え、必ずスピードアップにつながります。

Point

付箋紙によるタスク管理はデメリットだらけ。

06

「自分の予定」を最優先せよ！

人生を豊かにするスケジュール管理のコツ

「仕事が速い人あるある」の1つ。
それは、「仕事以外の予定も充実している」こと。
そんな仕事が速い人の、スケジュール管理のコツをお伝えします。

○「仕事が速い人」のプライベートが充実しているワケ

超一流と言われている「仕事が速い人たち」。

彼らは、驚くほどの量の仕事をこなしているにもかかわらず、プライベートな時間も、ジムに通ったり、ジョギングをしたり、異業種交流をしたりと、アクティブに動いています。「あなたたちは、トライアスロンの選手か！」というくらい、ハードなスケジュールで過ごしているように見えます。

しかし、当の彼らは余裕しゃくしゃく。ゆとりすら感じます。

激務にもかかわらず、どうしてプライベートの時間まで充実させられるのか？

答えは簡単です。理由は、

まず自分との約束をスケジュールに入れてしまうから！

そうはいっても、「一流の成功者だから、自分の時間をコントロールできるんでしょ。普通のビジネスパーソンには、自分との約束を優先することなんてできないよ……」という声が聞こえてきそうです。

しかし、そんなことはありません。普通のビジネスパーソンでも自分の約束を優先することはできます。

私がそのことを実感したのは、働きながら税理士試験の勉強をしていたときです。

1年目はノー残業デーだった水曜日の夜に専門学校に通っていました。

しかし翌年、授業は火曜日と金曜日の夜になりました。

専門学校の授業内容は1回1回がとても濃く、一度でも休んでしまうと途端に授業についていけなくなってしまいます。さらに、税理士試験の合格率はわずか10％前後。中途半端な気持ちでは決して受かりません。

35歳、管理職になりたてだった私。毎日忙しく過ごしていましたが、「これは自分との約束だ」と決心し、どれだけ忙しくても、火曜と金曜の夜だけはスケジュールを空けて、休まずに授業を受け続けました。兄弟や親友のものではない冠婚葬祭への参加は断り、行きたい飲み会の誘いも振りきって講義を受け続けました。

ハードなスケジュールでしたが、それを達成できたのは「自分との約束」を果たしたいという気持ちがあったからです。

仕事が速い人は、「自分との約束」を何より最優先し、スケジュールに入れてしまっているのです。さらに約束の期限までに仕事を終えるように集中するので、ますます仕事が速くなります。

○コツは「宣言」してしまうこと

自分との約束を優先すると伝えましたが、上司の誘いや飲み会があると流されがち。自分の予定を優先するためには、何が必要でしょうか?

私がすすめるコツは、「**まわりに宣言すること**」です。

「今、○○に向けて、語学の勉強をしている」
「今、資格を取るために、△△の学校に通っている」

いや、そんな立派な理由でなくてもOKです。

「今日は、家族と食事の予定なので、定時に失礼します」
「今日は、やっとチケットが取れた□□に行くので、定時に会社を出ます」

こんな理由でもいいんです。

朝からこう宣言している社員がいたら、上司だって同僚だって、「雑談に巻き込まずに集中させてあげよう」とか「この仕事は急ぎじゃないから、明日依頼するか」と思ってくれるものです。

勤務時間外での用事があることを伝えているのに、定時に帰るのを渋る会社なら、辞める準備をしたほうがいいでしょう。

なかには、資格試験の勉強をしていると、「独立や転職するのでは？」と疑って、勉強の邪魔をしてくる会社もあります。

そういう会社は、社員を使い捨ての道具くらいにしか思っていないフシがありますから、早めに辞めてしまったほうが自分の未来のためです。

○プライベートな誘いも大切

誤解してほしくないのは、私はなにも「会社の飲み会やカラオケ、ボーリング大会などの誘いは無駄。プライベートな時間を有効に過ごすべき」と言っているわけではありません。

飲み会は、決して無駄な時間ではありません。

人を知り、コミュニケーションを円滑にしてくれます。人間関係を考えると、参加するのは意味のないことではありません。

それに「今日は予定があって定時に帰ります」と言える背景には、まわりの人たちとの友好な関係が必要です。飲み会などへの参加は、そのバックボーンを作ってくれるのです。

一方、気が弱くて飲み会を断れない人もいます。

仕事終わりの一杯が生きがいとか、息抜きなどでの参加なら別ですが、他にやりたいことがあるのなら「断る勇気」を持ちましょう。

その**勇気を持つとき、必要になってくるのが「夢」**です。

自分は将来、どうなりたいのか？

どこへ向かっていきたいのか？

どうしてもなりたいという強烈な願望を持ち、そのためには何が必要なのかという計画を立て、まわりに宣言することで、「自分との約束」をスケジュール帳に書き込むことができるのです。

Point

究極の目標が、あなたの時間を濃くしてくれる。

07

デスクの上には、1つの仕事！

仕事が速い人の「整理整頓」術

「その日の仕事に必要なものは、すべてデスクの上に出しておく」
これは一見、効率的に見えるかもしれません。
でも、実はそれ、仕事が遅い人の共通点なんです。

○私がデスクの上をキレイにしている理由

私はオフィスで仕事をするとき、デスクの上には、そのとき使う仕事の資料と電話機しか置いていません。ほかの仕事の資料を出しっぱなしにすることは、決してありません。

それどころか、文房具類も一切デスクの上に出しません。ペン立てもありません。書類箱も視界に入らないようにデスクの後方にあるキャスター付きワゴンの上に置いてあります。

このように、私は常に、「これはデスクの上に本当に必要なのか？」と自問自答し、

デスクの上に物を極力置かないようにしています。

なぜ、私はここまで徹底的に整理整頓するのか？

理由は、**目の前の仕事に極限まで集中するためです。**

仕事が速い人の机は整理整頓されています。これは、たしかな事実です。

仕事が遅い人はよく、「デスクの上に何でも出ていれば、引き出しから出す時間が節約できる」なんて言いますが、そんなことはありません。

そういう人にかぎって、「えーと、あの書類はたしか……」とデスクの上の書類の山をガサガサと探しはじめ、なかなか見つけられない。こんな光景に見覚えはないでしょうか。

あなたは、そんな人にならないように、「デスクの上には今やっている仕事だけ」という状態をキープして、いつでもトップスピードで仕事ができるようにしてください。

○整理整頓は「仕事の切り替え」にも効果大

整理整頓が仕事のスピードを上げる理由の1つに、「**仕事のリズムを生んでくれる**」

点もあげられます。

以前、友人の代理で、外国語専門学校の講師をしたときのことです。

その学校では、講義がはじまるとき、受講生が全員立ち上がって「よろしくお願いいたします！」と挨拶をするのですが、そのときだけではなく、休憩時間が終わるたびに、全員起立で「よろしくお願いいたします！」と、挨拶をするのです。

あなたは、「挨拶なんて、講義の最初と最後だけでいいのでは？　休憩後に毎回行うなんて時間の無駄」と思うかもしれません。

私も最初はそう思いましたが、すぐに「これは良い方法だ」と思い直しました。

休憩時間、生徒たちはリラックスして談笑したりスマホをいじったりしています。休憩が終わっても、直後はラインをしていたりネットニュースを読んでいたり。

しかし、「よろしくお願いいたします！」という挨拶の後には、それまでとはまったく違う雰囲気に教室が変わっているのです。

立ち上がって大きな声で挨拶をすることは、その時間にけじめをつけて、気持ちを引き締める効果があると、この経験から学びました。

良い習慣だと思った私は、勤務する大学で取り入れました。

休憩時間に寝ていた生徒も立ち上がることで目を覚まし、休憩と授業との区切りをつけることができています。教室が、凜《りん》とした空気に変わることを実感できました。

仕事も同じです。

1つの仕事が終わるたびに机の上をきれいに片づけることが、この挨拶代わりになります。片付けで気分を一新して、次の仕事に取り掛かるのです。

私は、15分単位で区切ったタスクも、1つ終わるたびにデスクの上を片づけています。資料やファイルはもちろん筆記用具も所定の場所に戻し、新たな気持ちで仕事を行っています。

一見、時間の無駄で仕事が遅くなりそうですが、そのケジメが次の仕事をやる態勢を整え、いいリズムを生んでくれるので仕事が速くなるのです。

Point

「デスクの上に何も残さない」から集中力が極限まで高まる。

第3章

もう仕事を抱え込まない！「コミュニケーション」の秘訣

01

仕事が速い人は「数字」で伝える！

手戻りがなくなるコミュニケーション術

第3章のテーマは「コミュニケーション」。
コミュニケーションのミスは、無駄な時間を生み出す原因。
まずは、手戻りを起こさない「伝え方のコツ」をお話しします。

なぜ、「もうすぐできます！」と答えてはいけないのか？

仕事の速い人は、コミュニケーションも最速。

手戻りなく、言いたいことを届ける「伝え方」をマスターしています。

では、言葉の行き違いがないよう円滑なコミュニケーションをとるにはどうすればよいか？

一番簡単な方法は、「**数字を使って伝えること**」です。

たとえば、「今朝《けさ》頼んだあの資料、いつできる？」と上司に聞かれたとき、**仕事が速**

い人は「後10分でできます！」と、具体的に数字で答えます。

それを聞いた上司は、状況を正確に把握できるので「わかった。じゃあ10分後によろしくね」とだけ話して、スムーズに仕事が終わるはずです。

一方、**仕事が遅い人は「もうすぐできます！」と答えます**。

これを聞いた上司は「もうすぐって、どのくらい？」と、再度時間を確認してくるかもしれません。些細《ささい》な答え方の違いで二度手間が発生してしまっています。

その場のやり取りですぐ確認できるならいいですが、メールでやり取りしていたり、何回も細かい確認が続いたりすると、結構な時間がかかってしまいます。精神的なストレスも重なり仕事への集中力も下がりがちです。

さらに、**曖昧《あいまい》な報告は、大きなミスや無駄を招く可能性があります**。

ここで上司が「わかった。じゃあ、よろしくね」とだけ伝えて、できあがりを待つことにしたとします。その後上司も忙しくなり、資料のことを忘れて1時間が経過。

ふと思い出して、仕事を頼んだ部下の様子を見にいくと、なんと部下はまだ一生懸命に資料を作っているではありませんか。

「どうした？　そんなに時間がかかる仕事でもないだろう」と、上司。

聞いてみると、時間がかかっている理由がわかりました。

上司がほしかった資料は「あるジャンルの特定の商品について、過去2年間の売上実績」。

それに対して、部下は「あるジャンルの全商品について、過去2年間の売上実績」を洗いざらい出そうとしていたのです。

「えーっ！　全商品のデータを出せなんて言ってないのに……」と上司は嘆き、「この作業時間は何だったんだ……」と部下も落胆します。

そもそもの伝え方が悪かったのかもしれませんが、それでも、「後1時間くらいかかりそうです！」と部下が報告していれば、その時点でお互いの認識の違いに気づくことができ、こんな事態に発展することは防げたのです。

○数字で伝えていれば、防げたミスは意外に多い

かくいう私も、似たような失敗をしたことがあります。20代後半の頃に、建設会社の「安全大会」の運営スタッフをしていたときのことです。

「安全大会」とは、建設現場の職人さんや協力業者の方々が一堂に会し、労働災害事故

を起こさないよう「安全」についての知識や意識を高めるための集まりです。

大会当日。運営スタッフの昼食を用意する担当だった私は、13時の開場に合わせて、12時にお弁当が会場に届くように手配をしていました。

ところが、12時を回っても弁当が届きません。10分過ぎ、15分過ぎても、届かない。

焦った私は仕出しの弁当屋に電話をしました。そこで衝撃の事実に気づいたのです。

なんと、弁当屋は13時に弁当を届けようと思っていたというのです。

原因は、ちょっとした言葉の行き違いでした。私は、弁当屋が「昼イチに持って行きます！」と言っていたので、「昼イチ＝12時」に届くと思っていたのです。しかし、弁当屋側は、「昼イチ＝13時」と認識していたので、13時に合わせて用意をしていたのです。

結局、運営スタッフたちは昼食抜き。この経験は、今でも教訓として心に留めています。

このように、**言葉はちょっとした解釈の違いで誤解を生みます**。

数字を使って、なるべく正確に伝えることが仕事を速くする何よりのコツなのです。

Point

「数字」で伝えれば、コミュニケーションミスは防ぐことができる！

02

「仕事が遅い人」の7パターン その原因を知れば、対処法も見えてくる

「仕事が遅い人」が1人いると、全体の仕事が遅くなりがち。実は仕事が遅い人の原因は、7パターンに大別されます。その原因を知れば、対処法もおのずと見えてきます。

「頼んだ仕事」が速く終わるコミュニケーション術

一緒に仕事をしている人の仕事が遅いと、自分の仕事のリズムも崩れてしまいます。**仕事が速い人は「仕事が遅い人」への対処法も心得ています**。彼らは、「仕事が遅い原因」を突き止め、それぞれのパターンに応じた対処をしています。

仕事が遅い原因として考えられるのは、次の7パターンです。

1. 完璧主義
2. 全体像がわかっていない

3. 優先順位がつけられない
4. 指示が理解できていない
5. 仕事に不慣れ
6. 自信がない
7. 整理整頓ができない

本章では、各パターンの原因と、その有効な対処法をお伝えします。

1. 完璧主義

仕事を円滑に進める手段に、「ホウ・レン・ソウ（報告・連絡・相談）」がありますよね。完璧主義のために仕事が遅いメンバーには、「**ソウ・レン・ホウ（相談・連絡・報告）**」の順番で、コミュニケーションをとるようにしましょう。

なぜなら完璧主義者は最初から満点の仕事をしようとします。そのため、どうしてもスピードが遅くなるのです。とくに、社内文書や回覧など、内部資料であっても、スピードを度外視して完璧な仕事をしようとしてしまいます。

ですから、最初に「相談」をして「60点の出来でいい」と伝える。次に、途中経過を連絡させて、一度、提出（報告）してもらうようにします。

本人は60点だと思っていても、すでに提出に値《あたい》する仕事になっている場合があります。そうなっていたらそこで終了。足りないところがあれば後で修正する。

この繰り返しを行うことで、完璧主義者の仕事は一気に速くなります。

2．全体像がわかっていない

受けた仕事の全体像がわかっていないのは、真っ暗なトンネルを歩いているようなものだと言いました。不安だし力の入れどころもわかりません。指示を受けたらすぐにできる器用な人もいますが、全体がわかっていないと手が止まるタイプの人もいます。

そういう人には、仕事を依頼するときに、その仕事の全体像や進捗《しんちょく》状況を詳しく説明してあげます。その際、工程を細分化して一緒にプランを立てると、相手の不安もなくなります。

3．優先順位がつけられない

優先順位をつけられないメンバーは、やりやすい簡単な仕事を先にやって、重要な仕事を後回しにしがちです。

そういう人には「やるべき仕事」を、すべて書き出して共有する。

書き出した内容を一緒に見ながら、「どの仕事から先に行うのか」打ち合わせをするのです。

そうすることで、だんだんと優先順位がわかるようになり、仕事も速くなります。

4．指示が理解できていない

「一を聞いて十を知る」という言葉がありますが、それを聞き手に求めてはいけません。ある程度は関係ができていても、話し手の言うことを聞き手が完璧に理解するのはとても難しいもの。説明不足だと、ミスが発生したり、やらなければいけない仕事をせずに、やらなくていい仕事を行ったりしてしまいます。

しかし、先輩や上司に、不明な点を質問するのは気が引けるものです。

だから、指示を伝えた後には必ず「疑問点はないか？」と問いかけてください。それだけで抜け漏れや誤解を防ぐことができますし、相手も、「念のための確認ですけど」と質問しやすくなります。人は、「十を教えても三しか理解できない」。そんな気持ちで対応してみてください。

5. 仕事に不慣れ

仕事を頼んだ相手が、その仕事に不慣れな場合もあります。とくに新人は、ほとんどの仕事に不慣れです。

不慣れな人には、その業務を勉強する時間を設けてあげましょう。

経理なら簿記の学習、パソコン操作ならブラインドタッチなど、実務と離れてプレッシャーなく練習できる時間を、1日15分でもいいので設けてあげてみてください。意外なほどすぐに慣れて信頼できる戦力になってくれます。

6. 自信がない

仕事に自信がないと「これでいいのかな?」といちいち確認しないと、怖くて先に進めません。これでは、仕事が速くなりません。

自信を持つのに、もっとも良い方法。それは「成功の積み重ね」です。

自信がない部下には、会議の資料を1人で作らせて発表させてみる、商品開発の1から10までを体験させてみるなど、成功体験を積ませてあげましょう。

自信は成功体験からしか生まれません。少し頑張れば成し遂げられる仕事を任せるのがコツです。

7. 整理整頓ができない

整理整頓ができない人は、探し物をしている時間が多く、探すたびに集中力が切れ、仕事のリズムを作ることができません。こういう人がまわりにいたら、整理整頓のテクニックを積極的に共有しましょう。本書で紹介したように、「デスクの上には、今やっている仕事以外の物は出さない」といった知識を共有してあげるのです。

教えた相手が実践して、物を探す時間が短縮されて仕事が速くなれば、あなたにとってても大きなプラスになります。

「仕事が遅い人」には、遅い理由と原因があります。それをつぶしてあげることです。**「仕事が遅い人」は、決して能力が劣っているわけではない**のです。**それぞれの性質に応じた対応**をとることも、仕事の速い人の習慣の1つなのです。

Point!

「仕事が遅い人」は、対処次第で大変身する!

03

人のやる気は「環境」では変わらない？
部下が自分から動き出す「たった1つの条件」

部下やメンバーのやる気を引き出す。
でも、コミュニケーションでやる気が変わるのでしょうか？
その答えを教えてくれる「ある実験」をご紹介します。

○「ホーソン実験」の意外すぎる結果

部下やメンバーの仕事の効率をいかにして上げるか？

1人でも部下を持っている人にとっては、永遠の課題でしょう。

実は、その答えを教えてくれる、1つの実験があります。

精神科医のメイヨーと心理学者のレスリスバーガーが、アメリカのシカゴにあるホーソン工場で実施した実験です。

工場の名前をとって「ホーソン実験」と名付けられたこの実験は、「**環境を変えることで、人の作業能率はどのように変わるのか？**」を分析する目的で行われました。

大勢の従業員のなかから、この実験のために選ばれたのは6名の女性従業員。

まず、「それまで暗かった作業場の照明を、明るい照明に変える」変更を加えました。

結果、照明を明るくすることによって、彼女たちの作業能率は向上しました。

さらに実験は続きます。


「休憩を多くする」

「賃金を上げる」

「軽食の差し入れをする」

「部屋の温度を適温にする」


これらの作業環境の改善はどれも、彼女たちの作業能率を向上させたのです。

この結果だけ見れば、「環境を改善することにより、人の作業能率は上がる」と結論づけたくなります。

しかし、この実験にはまだ続きがあるのです。

今度は逆に、「照明を暗くする」「休憩を少なくする」「賃金を下げる」「軽食の差し入れをなくす」「部屋の温度を適温以上に上げたり下げたりする」といった作業環境を悪くする変更を加えたのです。

当然、作業能率は低くなる、と思う方が多いのではないでしょうか。

なんと、この変化によって、**彼女たちの作業能率は上がった**のです！

いったいなぜ、作業能率はさらに向上したのでしょうか？

その答えは、彼女たちが実験に入る前にかけられた言葉に秘密がありました。

彼女たちは、こんな言葉を送られていたのです。

「あなたたちは大勢の従業員から選ばれた方々ですよ」

「この優秀な6名には期待していますよ」

この実験は、会社幹部や研究者など、多くの人に注目されながら行われました。

そうです。彼女たちは、作業環境が変わったから作業能率が上がったのではなく、**期待されている、見られているという思いを抱きながら働いた結果、作業能率が上がったのです。**

つまり、**「環境の変化」ではなく、「内なる感情の変化」によって作業能率が上がった**のでした。

○「内なる感情の変化」は、生産性を劇的に変える

この実験を初めて知ったとき、私は、以前に勤めていた建設会社を思い出しました。

作業能率が悪いため残業が多く、連日の長時間労働で疲労が蓄積しミスも多くなり、そのミスをやり直すためにまた残業するという悪循環の繰り返し……。

「作業能率が悪い原因は、給料が低いからだ」と考えた経営陣は、従業員の給料をアップしました。たしかに、給料が上がった当初はしばらく士気が上がりました。

しかし、それは最初だけ。昇給に慣れるとすぐに士気も下がりました。3か月後には、残業だらけの現場に逆戻り。それどころか今度は同業他社より給料が少ないと騒ぎ出す始末。

しかし、その後に経営陣が「あること」を実施すると、社員の士気が上がり、作業能率も高まり、仕事が速くなったのです。

いったい、そのとき経営陣は何をしたのか？

実は、**経営陣や管理職が現場を訪問する回数を増やした**のです。

以前は、「現場の仕事の邪魔になるのではないか」ということに配慮していたのですが、思い切って月1回の訪問を、週1回に増やしてみたのです。

さらに、単に訪問するだけでなく、労をねぎらいつつ、現場の状況や仕事の進み具合で心配なことや困ったことはないかなどの聞き取りを頻繁に行いました。

極力仕事の邪魔にならないように配慮して、批判などは行わず、困りごとを聞いて回るというスタンスで訪問していました。もし、情報を聞いて問題が起こっている部門があれば、職員を派遣したり、総務で仕事をフォローしたりしました。

すると、現場の士気がみるみる向上し、残業もミスも減っていったのです。

まるで「ホーソン実験」の工場のように、**「あなたのことを気にかけていますよ」というメッセージが社員たちに伝わった結果、作業能率が改善した**というわけです。

経営陣がホーソン実験を知っていたかどうかは不明ですが、実験と同じように、作業環境を変えても一時的にしか上がらなかった作業能率が、内なる感情の変化によって向上したのです。

ここで私は「劣悪な環境でもやる気さえあればいい」なんて暴論を言いたいわけではありません。

劣悪な環境では生産性は下がってしまいます。炎天下でクーラーがない、生活できるだけの給料も支給されないというのは問題外です。

そういう最低限の条件はクリアしていることを前提としたうえで、「作業能率を上げるためだけの作業環境の改善」は、一時的には士気が上がっても、その環境に慣れると元に戻ってしまうということが言いたいのです。

部下やメンバーの仕事の効率を上げたいという方は、彼らに対して、**「私はあなたを気にかけていますよ」というサインを送るようにしてみてください**。

それだけで、彼らの意識は変わり、仕事の生産性も結果的に変わるはずです。

お金をかけなくても、仕事を速くすることは可能なのです。

Point!

「環境」よりも「感情」の変化が、仕事の効率を上げる。

04

不毛な会議がなくなる「打ち合わせ術」

会議の目的を知れば、最速で結論がまとまる！

社内コミュニケーションの代表といえば、「会議」。
しかし、長くて何も決まらない会議ほど無駄なものはありません。
問題なのは、そのやり方なのです。

○会議には「4つの種類」がある

昨今、会議は「オフィスにおける無駄の象徴」「残業を生み出す原因」のように言われることが多くあります。

しかし、**「不要な会議」がある一方、「必要な会議」も必ずあります。**

会議も打ち合わせも一切ない会社を想像してみてください。

今日の計画も長期のビジョンも決まらず、ただの個人事業者の集まりになりますよね。連絡を取り合い、コミュニケーションを密にしなければ、会社の目指す方向もバラバラになり、社員同士の意思疎通《そつう》を図ることもできません。

したがって、会議自体は必要なのです。問題はそのやり方です。
会議は目的別に大きく分けると、次の4種類に分けることができます。

1. 伝達する会議
2. アイディアを出し合う会議
3. 決定する会議
4. 誰かが力を見せつける会議

この4種類の会議の目的を把握すれば、無駄に時間をかけることなく、メンバーが納得感をもって、会議を終えることができます。

では、それぞれの会議について、その目的とスピードを上げる方法を見てみましょう。

1. 伝達する会議

文字通り業務内容や方針を「伝達する」ための会議。
この種類の会議は、「伝える内容が何であるか」が重要です。
たとえば「会議室の利用方法の変更について」「年末年始の休暇のお知らせ」などを

伝えるだけなら、社員を集める必要はありません。メールによる一斉送信で十分です。

しかし、伝える内容が「業務縮小による賃金カットについて」「人員削減について」などの重要事項なら、メールで済ますわけにはいきません。

つまり、この種類の会議は、メールや口頭での連絡で済む案件か、会議を開くべき案件なのかを見極め、メールで済む案件なら省略することも可能なのです。

2．アイディアを出し合う会議

一時期、「出た意見を否定しない」「連鎖的に発想する」「自由に発言する」などをルールにした、「ブレインストーミング」が流行りました。

この種類の会議をスピードアップさせたいのなら、事前に議題を参加者に周知徹底させておくことが大切です。会議で、いきなり課題を見せられて、「さあアイディアを出してください！」と言われても、そんなに簡単にグッドアイディアは浮かびません。

会議の前半、沈黙が続いて時間を無駄にしたり、会議後に良いアイディアが浮かんだりといったことにならないよう、会議の前に課題について考えてきてもらうと、時間が無駄になりません。

3. 決定する会議

ワンマン社長の会社でもないかぎり、重要な案件は、何名かで集まって決めるのが一般的です。

この種類の会議で重要なのも、**参加者に事前に案件を伝える**ことです。その場で判断を迫ると会議の時間が長くなるので、参加者にはあらかじめ内容を検討しておいてもらいます。

「その決定事項について必要な人選なのか？」も大切です。必要な人が抜けていたり必要のない人まで集めたりすると、人件費や出張旅費の無駄になってしまいます。

4. 誰かが力を見せつける会議

会議の風上にもおけないシロモノですが、今も多くの会社が行っています。会社のお偉いさんや職場のリーダーが、自分の力を誇示するために開く不毛な会議です。

月曜日の朝から社員を集合させたり、就業時間外に意味もなく会議を開いたり。外回りで疲れて帰社した営業社員を集めて、精神的なプレッシャーをかけるだけの報告会議を開いたり……。あなたの会社にも、このような会議を開いて、仕事をした気になっているリーダーがいませんか？

この種類の会議は、**「本当に、この会議は必要なのか?」を検討する**だけで、ほぼなくすことができます。リーダーよりも上の役職の人に、「もっと実務に集中したいので、○○会議をなくして、メールで報告するだけにしたい」などと、建設的に訴えるのもいいかもしれません。言いづらい環境なら「目安箱」などを設置して、匿名《とくめい》での意見を集めるのも良いでしょう。

以上、いかがでしたか?

自分が開く会議、あるいは、参加する会議が、この4種類のうちのどの会議なのかを判断し、適切に対応すれば、無駄な時間の発生を回避できます。

自分が主催でなくても、ある程度コントロールすることは可能です。「事前に会議の議題を参加者にメールしてほしい」と伝えることも可能ですし、「自分が出る必要性がない」会議なら、優先すべき事情を話したうえで、欠席するのも1つの手です。

○会議の最初に宣言すると良い2つのこと

自分が会議を主催する場合、最初に宣言すると良い2つのことを紹介します。

1つ目は、**最初に会議の目的を宣言する**ことです。

たとえば、「今日の会議では、○○について決定したいと思います」と最初に宣言するのです。

もう1つ大切なのは、**会議の終了時間を宣言する**こと。

そして、その時間が来たら、本当に終わりにするのです。いやおうなしに議論がスピードアップし、会議がいたずらに長引かずに済みます。

こうすると、その日に結論を出す共通認識が生まれ、スピードアップが図れます。

仕事が速い人は、「会議術」を駆使して会議に臨んでいます。

会議を主催するにしても、参加するにしても、その種類に応じて時間や人選を考え、適切な対応を取ることができるのです。

一方、仕事が遅い人は、すべての会議を同じ扱いにし、事前準備を怠《おこた》り、人選を間違え、余計な経費と時間をかけ、仕事を遅くしてしまうのです。

Point

会議の種類を認識することが、スピードアップの秘訣。

05

人格を否定せず、「行動」を指摘せよ

仕事を任せた部下が成長する「叱り方」

部下を成長させるためには、時に叱ることも必要です。
しかし、やり方を間違えるとパワハラになる現代。
実は、良い叱り方には「あるルール」があるんです。

なぜ、新入社員は3年以内に辞めるのか？

「七五三現象」という言葉をご存じでしょうか？

「七五三現象」とは、「**中卒新入社員の7割、高卒新入社員の5割、大卒新入社員の3割が、入社3年以内に会社を辞めてしまう**」現象のことです。

彼らに投資している企業としては、入社3年が過ぎ、これから会社の戦力になってもらおうというときに退職されるわけで、まさに投資損。

新卒社員側にしても、これからやっと仕事が面白くなるであろうというタイミングで退職してしまうわけで、実にもったいない話です。

多くの新入社員が、3年以内に退職してしまう理由は、いったい何なのでしょう？

それは今も昔も変わりません。**「職場の人間関係」**です。

ブラック企業なら、「激務」「安い給料」などが原因になるかもしれませんが、一般企業の退職理由は、その多くが「職場の人間関係」なのです。

たしかに、職場は学校とは違います。高校、大学と、同世代のなかから気の合う仲間とつるんできたのに、年齢や価値観が異なる人たちと一緒に仕事をするのですから、学生時代に比べて楽しいはずはありません。会社を辞めてしまう気持ちは多少なりとも理解できます。

○「行動」を叱れば、部下は成長する

私は、企業の新入社員研修のセミナーや商工会議所主催の記念講演に、講師として登壇させていただく機会があります。そんなとき、「この先、人間関係で会社を辞めたいと思ったら、これを判断基準にしなさい」と言っていることがあります。それは、

あなたの職場の上司は、「人格」を否定する人間か？
それとも、「行動」を叱る人間か？

人格を否定する言葉とは、たとえば、こんな言葉です。

「仕事が遅いな〜。まったく、親の顔が見てみたいよ」

「一度の説明で覚えられないのか？　ニワトリ並みの脳みそだな」

実はこれらの言葉は、私が以前の職場で浴びせられ続けた言葉です。

このような「言葉の攻撃」を受けたことが、会社を辞める原因の1つになりました。


一方で、ガミガミと行動を叱る上司もいます。

「敬語の使い方」「電話応対」「報告の仕方」「帳簿のつけ方」など、行動について事細かに注意してくる人です。こういう上司に対して、新入社員の頃は、「細かくて、うるさくて、鬱陶《うっとう》しい」としか感じられないものです。

しかし、後から思えば、「あの先輩のおかげで勉強になった、成長した」と思えることが多いのです。私も口うるさい先輩のおかげで、社会人としてのマナーや仕事の仕組みを学ばせてもらいました。


したがって、「**人格を否定する上司がいるなら、ロクな会社ではないから辞めてもいい。しかし、口うるさくても行動を叱る上司なら、その人についていくべき**」と、新社会人に伝えています。

これが私の「人間関係で会社を辞めるかどうか」の基準です。

あなたが部下や後輩を叱る立場なら、相手の人格を傷つけ、萎縮させる叱り方ではなく、**部下の行動を改善させて成長させる叱り方**をしてください。

ポイントは、**「なぜ？」より「どうする？」と問いかけ、答えを考えさせる**こと。

たとえば、「なぜ、納期に間に合わなかったんだ！」ではなく、「どうしたら、納期に間に合っただろうか？」と問いかけることです。

「なぜ？」と聞いてしまうと、部下は問い詰められているようで萎縮してしまいます。

一方、「どうしたら？」と聞くと、自ら答えを考えるようになります。上司はそれをフォローする形で、その後の行動を改善させてあげればいいのです。


Point!

人格を否定するか、行動を叱るのかが、大きな分かれ目！

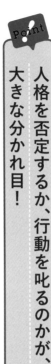

第4章

1秒でもムダにしない「チーム仕事」が速くなるコツ

01

最速チームは必ず「ミニマリスト」
チームの生産性を下げる「探し物」の減らし方

第4章のテーマは「チームの仕事を速くする方法」。
まずは、「あること」をチームでなくしましょう。
それは、「探し物を探す時間」です！

○1年で150時間も「探し物」をしている

書類を綴《と》じようとしてホチキスを探す。以前に作成した契約書を書棚から探す。去年作ったファイルをパソコン内から探す……。

言うまでもなく、この「探す」という時間には、まったく生産性がありません。

この不毛な時間に、1年間でどれぐらいの時間が費やされていると思いますか？

正解は、**なんと年間に150時間！**（大塚商会調べ）

150時間は、1日8時間労働と考えると、18日分の就労時間を超える時間です。私たちは、**年18日以上の稼働時間をドブに捨てている**のです。仮に、年に250日出勤するとしたら、1日平均36分（150時間×60分÷250日）です。

一般的に、日商簿記3級の合格までに必要な勉強時間は50時間、2級合格に必要な勉強時間は100時間と言われています。探し物をしている間に、日商簿記2級と3級の両方を取得できることになります。

探す時間を1日6分に短縮できれば、30分も浮きます。今まで19時まで残業していた人は18時半に、18時までの人は17時半に会社を出ることができます。チーム全員の仕事時間から、「1日30分」省けたら、すごい効率アップになると思いませんか？

私は、「今やっている仕事」以外の資料はデスクの上に出さず、必要のないものはすべてしまっているというお話をしました。

私のように、探すことに時間を取られず定時に帰るAさんと、探し物だらけで毎日残業で生産性も低いBさん。同じ量の仕事をこなしても、Bさんには余分な残業代が支払われます。残業している分、余計な電気代などもかかります。

どうせなら、チーム全員が「探し物をしないAさん」になりたいものです。

○物を減らせば、チームの生産性は上がる！

さらに「探す」という行為は、仕事のリズムも崩します。

良い感じで仕事に集中しているのに、必要な物が見つからないと、それを探す時間がたとえ数秒でも、仕事のリズムが崩れて、集中力が途切れてしまいます。

また、上司に「見せてくれ」と言われた書類がすぐ見つからないと、不安になって、ストレスにもなります。

百害あって一利なしの「探す時間」を、チームからなくすには、どうしたらいいのでしょうか？


もっとも簡単な方法は、「物を減らすこと」です！

たとえば、あるファイルを探すとき、書棚に1冊しかファイルが置いていなければ、「探す時間」は0秒で済みます。

しかし、ファイルの数が増えて、倉庫室の棚にたくさん並んでいたらどうでしょう。

たとえ数が多くなくても似通った名前のファイルが多ければ、探すのに時間がかかります。

背表紙に名前のないファイルや、未整理で年度が入っておらず中身を見なければわからないファイルがあったりしたら、もう最悪です。

物を減らすことで、こうした、わずらわしさから解放されます。

では、どうやって不要なモノを減らしていくのか？

詳しいノウハウは、拙著『「残業しないチーム」と「残業だらけチーム」の習慣』（明日香出版社）に記していますので、ここでは大切なところだけお話しします。

さまざまな年齢、役職、職種の人間が一緒に働いているオフィスで整理整頓を行うためのポイントは、「**この日と決めて、チームで一斉に整理整頓に取り組む**」ことです。

それが一番効果的で、手っ取り早い。

一部の人だけが整理整頓に取り組むだけでは、チーム全体の探し物は決して減らないと心得てください。

Point

「探す時間」の撲滅には、チーム全員で物減らし！

02

探し物の「9割」はなくせる
時間を無限に奪う「探し物・ビッグ3」を駆逐せよ

整理整頓が有効なのはわかりました。
では、実際には、どのように取り組むのか？
ここでは探し物の「ビッグ3」について解説します。

○減らすべき探し物は「この3つ」だ！

前項で、私たちは1日におよそ36分もの時間を「探し物」に使ってしまっている、とお伝えしました。具体的にその内容を見てみると、次のような行為が探し物のビッグ3なのだそうです。

1. デスクのなかの文房具類を探す
2. 書棚や倉庫から書類を探す
3. パソコン内にある必要なファイルを探す

ここでは、この探し物ビッグ3にかかる時間を激的に減らす方法を解説します。

1．デスクのなかの文房具類を減らす方法

まず、引き出しのなかにあるすべての文房具類をデスクの上に出してください。

すべて出したら、次の4種類に分類してください。

①毎日使っている物
②毎週もしくは毎月使っている物
③チームメンバーと共有して使っている物（会社支給のペンや切手、封筒など）
④捨てられる物

デスクの一番上の引き出しには、文房具を収納するボックスがありますよね。

そこには、①のエース級の文房具を入れます。

次に、②の文房具は、①の文房具を入れている収納ボックスではなく、その奥に入れておきます。入れ方は「使う順」でそろえます。手前になればなるほど使う頻度が高い文房具を入れてください。

私は、引き出しを開けるたびに文房具が動くのが嫌なので、スポンジ状の薄いシート（5S管理シート）を購入して、ハサミや定規などの形にくり抜き、引き出しのなかに敷いて文房具を固定しています。

③の共有の文房具類は、デスクの上に並べたときに、不要なものは、④と一緒に捨ててください。残った必要なものだけを共有スペースに移動します。

これだけで、恐ろしいほど文房具類が減ります。必要なときに、必要な文房具をすぐに取り出すことができるので、仕事のリズムも崩れません。

2. 書類を減らす方法

書類は、「**絶対に残さなければならないもの**」**のみを残します**。

たとえば、定款《ていかん》や登記簿謄本《とうほん》などは、捨てられない書類ですよね。

それ以外の書類は、「**1年基準**」**で、残すか廃棄するかを判断**します。

判断基準は、「**1年の間に一度でも使ったかどうか？**」

1年もの間、一切使わなかった書類は、勇気を持って捨てましょう！

捨てる踏ん切りがつかない書類は、少し手間ですがスキャンしてPDFにします。PDF化してパソコン内に保管するのです。

私が会社を移転したときの話です。

以前の事務所より、かなり倉庫が狭い場所に移転しました。書類の3分の1を処分しなければ倉庫に入りきりません。そこで、「1年の間に一度でも使ったかどうか？」を基準にして書類を処分することにしました。

その結果、なんと3分の1どころか、3分の2の書類を処分できたのです。

覚悟して思い切って捨てる。手間をかけてもPDF化する。これだけで、書類の山から目的の1枚を探すといった途方もない時間の無駄がなくなります。

3．パソコン内を整理整頓する方法

紙ベースの書類を減らし、パソコン内に格納していくと、必然的にパソコン内のデータが多くなります。それでなくても、いつの間にか膨大なデータをため込んでしまうもの。デスクトップが、ファイルのアイコンで埋まっている人も多いでしょう。

チームでデータベースを共有している場合、パソコン内の格納のルールを決めなければ、どこに何が入っているかわかりません。ここもやはり整理整頓の必要があります。

デジタルでも整理整頓の基本は、書類と一緒。

「重要なファイルを残す」「不要なファイルは捨てる」です。

家系図フォルダ

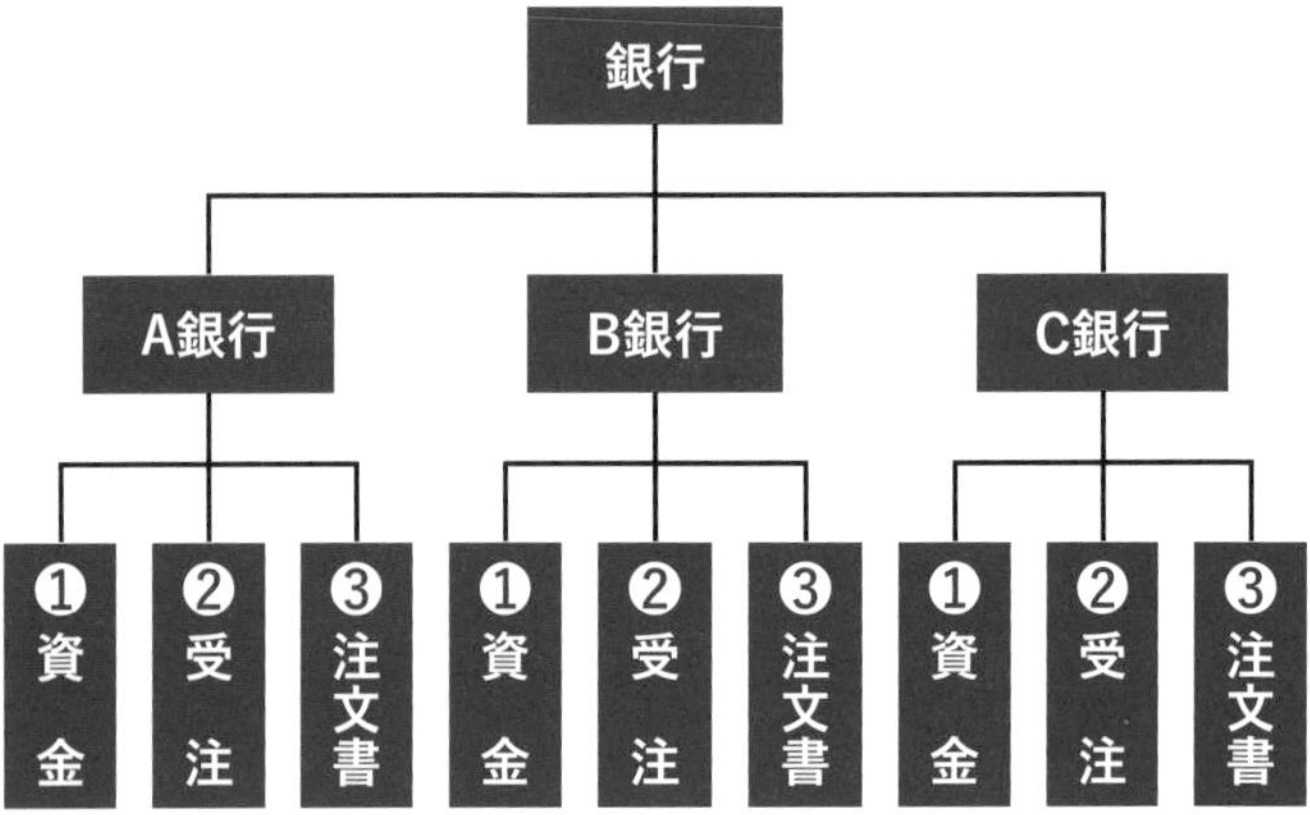

と、ここでデジタルデータならではの誘惑が発生します。

たとえば、せっかく時間をかけて作った計算式の入っているファイル。もう使わないと思うけれど、今後、類似の表を作成するとき利用できるかもしれない、なんてこともありますよね。

このようなファイルは、デスクトップのゴミ箱フォルダの横に、**保留フォルダを作って、いったんここに移動しておく**のです。保管しておいて半年に1回ぐらいの割合で確認して、本当に必要ないと思ったら捨てるのです。

こうしておけば、残すか捨てるかいちいち迷わなくて済みますし、捨てる候補のデータが1か所に集まるので、廃棄するかどうかの確認をするときも楽です。

残ったファイルについては、家系図フォルダを作成します。

たとえば、銀行関係のファイルなら、「銀行」というフォルダを作り、そのなかにツリー状にA銀行、B銀行、C銀行と、取引先の銀行のフォルダを作成します。さらに、A銀行のなかに、①資金繰り表、②受注明細表、③注文書のPDF……というように、ファイルを入れていくのです。

もちろん、デスクトップ上にあるファイルのアイコンは定期的に整理してください。

さらに、「ファイル名は長くてもいいから、検索で引っかかる名前を付ける」「ファイル名に日付を入れる」などの工夫をすることで、必要なファイルを検索する時間を短縮することができます。

Point

「文房具」「書類」「パソコン内のファイル」の3つを減らせ！

03

「ほしい物がひと目でわかる」整理術
仕事が速いチームは「格納場所」を決めている

いくら物を減らしても、
どこに何があるのかがわからなければ、その都度、宝さがしです。
そうならないためのコツについてお伝えします。

○格納場所を決めていれば、行動が速くなる

名刺交換するときに、先方はさっと名刺を取り出して待っているのに、自分のほうは名刺入れが見つからずに焦ったことはありませんか？

解決方法は簡単。

格納場所を決めておけばいいのです。

私は名刺入れを、カバンのなかのすぐに取り出せるポケットに入れてあります。初め

てのお客様を訪問するときは、事前にスーツの内ポケットに移しておきます。名刺交換のときに、先方を待たせることはありません。外回りから会社に戻ると、名刺入れからいただいた名刺を取り出して保管し、配った名刺分の枚数を補充しています。

どこに何を格納するかを決めているから、すぐに見つけることができるのです。

○置く場所を「ひと目でわかる」ようにするひと工夫

オフィスも一緒です。

先ほど、文房具類の整理方法についてお伝えしました。

一番上の引き出しの収納ボックスには、毎日使う文房具しか入れないと決める。私の場合、4色ボールペン、シャープペンシル、消しゴム、黄色の蛍光ペン、18センチの定規しか入っていません。

格納場所を決めておけば、いつでもそこにあるので、探す必要がなくなるのです。

チームの共有スペースにあるものも、どこに何を格納するか決めてください。

そして、使った人は必ずそこに戻すことをルールにするのです。

私が勤めていた専門学校では、ハサミ、ホチキス、朱肉など、共有して使う文房具類は、置く場所が決まっていました。

さらに共有スペースは、どこに何を格納するのか、誰にでもひと目でわかるようにしておくことも大切です。

私がよく利用している某牛丼屋では、醤油、唐辛子、ドレッシングなどの調味料を置く位置が、テプラのシールでわかるようになっています。

シールが貼られていることによって、黙っていても、お客様が使った調味料を自ら元にあった場所に戻してくれるのです。

店員は、お客様が帰った後で、調味料を元の位置にセットし直す手間が省けます。並べ直すなんて、ちょっとした時間かもしれませんが、それが積み重なると、かなりの時間を短縮することができます。

置く場所が決まっているから戻すのです。

置く場所が指定されていなければ、こうはいきません。

お客様は使った調味料を好きな場所に戻すでしょう。別に悪気があるわけではなく、どこに戻したらいいかわからないからです。

多くの人が共有するスペースでは、格納場所をわかるようにしておくことが、整理整頓につながります。

○共有書類、共有データも格納場所を周知徹底

紙ベースの共有書類やファイルは、使う頻度が高い順に取り出しやすい場所に並べておきましょう。

どこに置くかを決めていれば、探す時間を省くことができます。

「使った後は必ず同じ場所に戻す」という共通認識を徹底すれば、そこにないだけで、「あっ、今、誰かが使っているな」とわかり、どこにあるのか探さなくて済みます。

パソコン内の共有ファイルも同じです。

前述の家系図フォルダを作ってどこに格納しておくかを決めて、格納場所をチーム内に周知してください。

Point

チームで共有するものは格納場所を見れば、「あるかないかすぐわかる」状態にする!

04

時間が増える「ムダゼロ」メール術
メールに時間を奪われない8つの方法

あなたは、メールの確認をどれくらい我慢できますか？
私たちは、その便利さと引き換えに、大切な時間を奪われています。
ここでは、そんなメールとうまく付き合う方法をまとめてみました。

○あなたはメールに振り回されていないか？

世の中、すっかりネットワーク社会になりました。図書館に行かなくても情報は手に入ります。必要な情報をスクラップしなくても簡単に保存できます。さまざまな情報が瞬時に手に入るようになりました。

コミュニケーションも、昔は直接会うか電話でした。今はメールでＯＫ。情報伝達も、ＳＮＳを通じて世界中に発信できるようになりました。

しかし便利になった反面、**便利な仕組みに振り回されてしまい、かえって仕事が遅くなっているケース**が多くあります。

必要な情報を得ようとネットで探していると、不要な情報まで目に入り、気がつくと何時間もネットサーフィンをしてしまっていた。

離れている相手には、電話か手紙でしかコミュニケーションが取れなかったのに、今はメールという便利な手段を手に入れた分、不必要な連絡も入るようになりました。

もちろん、メールが便利であることは否定しません。

多忙な相手にも連絡を取りやすい、添付ファイルをつければ多くの情報を送ることができる、記録に残る、CC機能を利用して多数の人に同時に内容を伝えることができるなど、多くのメリットがあります。これらのメリットを享受しつつ、仕事を効率的に行ううえで、メールとどう付き合っていくべきか？

私が考える8つの注意点をお伝えします。

1．メールをチェックする回数と時間を決める

私はメールを確認する時間を、出社時、13時、15時、帰社前の4回に決めています。

もちろん「部下が取引先を回っていて連絡してくるのに、4回では少ない」「新人なので、頻繁にメールをチェックする必要がない」など、あなたの職種や立場によって回

数は変わります。あなたにあったメールをチェックする回数と時間を決めてみてください。それだけでも、メールに振り回されなくなります。

ただし「今日は得意先から緊急の連絡が入る」などの予定があれば、臨機応変に対応してください。

2．緊急のメールはスキマ時間に確認する

メールをチェックする回数と時間を決めても、何か緊急の連絡が入っていないか気になるものです。

すでにお話ししたように、私は「ポモドーロ・テクニック」を日本の職場環境に合うように進化させて15分単位で仕事をしています。ジャスト15分より早く終わらせることを目標にしているので、60分の間にスキマ時間が1～5分ほどできます。

この時間が、私にとっては緊急のメールがきていないかチェックする時間なのです。ざっと確認し、すぐに返信が必要なものにだけ対応します。後から返信すればいいメールは、1で決めたメールチェックの時間で返信するようにしています。

3．開いた受信メールはすぐ返信

メールを開いたら対応は3種類しかありません。

「すぐ返信」「すぐ削除」「後で返信する」の3つです。

原則は、「すぐ返信」か「すぐ削除」ですが、返信が必要でも他にどうしても急ぐ仕事があり返信できない場合は、返信する時間をその場で決めてください。二度読みや返信のし忘れを防ぐことができます。

4．午前中は重要なメールしか開かない

集中力がみなぎっていて、仕事が進む午前中はゴールデンタイムです。

メールをチェックする必要はあっても、重要ではないメールにまで時間を使うのはもったいない。メールのタイトルを見て、重要なメールだけを開きましょう。

5．社内メールでは、無駄を省くルールを決める

私の事務所では、社内メールのやり取りで「お疲れ様」などの慣用句を省略するというルールにしています。毎回の決まりきった言葉は、打つほうも読むほうも時間の無駄だからです。

また、緊急のメールは件名でわかるようにすると決めています。このように、チーム内でメールの効率化につながるルールを決めることが重要です。

6. 複雑な内容なら電話で伝える

個人相手に複雑な内容を伝えるとき、メールだと、打つほうも読むほうも大変です。必要に応じて、電話やテレビ会議システム、あるいは対面で会うなど手段を使い分けましょう。

何往復もやり取りしても正しく伝わらないメールが、電話なら1分で正確に伝わることがありますし、謝罪のメール作成に長い時間をかけるくらいなら、いっそ直接会いに行くほうが短時間で解決につながる場合もあります。

7. メールの受信通知はオフにする

新着メールが届くたびに通知が届くと、目の前の仕事に集中できませんよね。受信通知はオフにするのがベターです。

8. メール返信の制限時間を15分にする

1回のメール返信にかける時間を最大でも15分と決めましょう。

メールを開く時間を決めている人は多くても、終わらせる期限を決めている人は少ないはず。私は1回15分（これもポモドーロ・テクニックの進化形です）と決め、その時間にできるだけ多くのメールに返信するようにしています。
15分を過ぎた時点で返信文の作成が途中のときは、3分まで延長できることにし、その3分間は、しゃれで「ロスタイム」と呼んでいます。

以上、8つのテクニック、いかがでしたか？
このほかにも、「読まないメールマガジンを配信停止にする」「文字変換機能を使う（例：こんご→今後もよろしくお願い致します。）」などがあります。
参考になるものは、個人だけでなく、チーム全体で取り入れて、メールに振り回されることなく、便利に活用してください。

Point!

メールは、8つのテクニックをチーム内に浸透させて、時間短縮！

05

「目標」だけでは、人は動かない！
メンバーのやる気を引き出す「4つの条件」

チームの仕事を速くするために、もっとも効果的な方法。

それは、メンバーに「やる気」を持ってもらうことです。

「やる気」を引き出すためには、「4つの条件」が必要です。

○「目標」よりも大切なものとは？

「ダイエットしたい！」

「行政書士の資格を取りたい！」

「英語を話せるようになりたい！」


人は、それぞれ、いろいろな目標を持ってチャレンジします。

でも、「いつかは」という前置きが入って行動に移さなかったり、その気になってやりはじめても、結局三日坊主で終わってしまったりします。

なかなか行動に移せない人や、三日坊主に終わってしまう人には、共通点があるのです。それは……。

「目標」しか持っていないということ！

「目標を持つことは悪いことなの？」と、誤解しないでください。

目標を持つことは大切です。

問題なのは、「目標しか持っていない」ことなんです。「ダイエットしたい」「行政書士の資格を取りたい」「英語を話せるようになりたい」というのは、すべて「目標」です。

では、何が足りないのかというと、「ダイエットして、どうしたい？」「行政書士の資格を取って、どうしたい？」「英語を話せるようになって、どうしたい？」という**「目的」が足りない**のです！

「目的」とは、あなた自身の強い願望です。

ダイエットなら、「披露宴で、タイトなウエディングドレスを着たい！」

行政書士の資格取得なら、「開業して、定年のない仕事をしたい！」

英語の勉強なら、「外資系の企業に転職して、海外で働きたい！」

これが「目的」です。

目標しか持っていない人は、スランプになったり苦しくなったらモチベーションも下がり挫折します。

しかし「自分がこうしたい！」という目的につながる目標であれば、自分の願望に根差したものになるので、強く動機づけされますし長続きします。

たとえば、「6か月後の披露宴までに10キロ痩せる！」というように、**目的を、具体的な期限と数字であらわした「目標」が生まれたとき、人はやる気になる**のです。

○4つの条件をメンバーと共有しよう

会社や仕事も同じです。

メンバーたちに、やる気になってもらいたければ、漠然とした「目標」だけではなく「目的」も周知する。そして、具体的な「期限」と「数字」も含ませる。

「目標」「目的」「期限」「数字」の4つをメンバー全員で共有できれば、全員の仕事の速度が上がります。

メンバーが全員同じ方向を向いているから、「ワンフォーオール　オールフォーワン」で、突っ走れるようになるのです。

この4つを共有していれば、何かが起こったとき、それが判断基準にもなります。メンバーが、上司にいちいちお伺《うかが》いを立てなくても、この4つと照らし合わせて、自ら考えて、まるで各人がリーダーのごとく行動できるようになるのです。

1つの例ですが、ある工場では、よくある「安全第一」という標語の後に、「利益第二」と付け加えて掲示しているそうです。「利益第二」と、あえて2番を掲げることで、工期通りに終わらず焦りそうなときも、利益が出なくて無茶な工程で行おうとするときも、「そうだ、利益は大事だけど、何より安全が第一だ。無茶な段取りで安全を疎《おろそ》かにするのは、やめよう！」と、自ら判断ができるのです。

あなたの職場では、「目標」「目的」「期限」「数字」の4つをメンバーで共有していますか？

Point

「目標」「目的」「期限」「数字」を共有すれば、自然とやる気は上がる。

06

仕事の速いチームは「反省がすごい」

チームで「超高速PDCA」を回し続けるコツ

現代のオフィスでは、多くの社員がパソコンに向かっています。黙々と仕事をしていて、各自の仕事内容がわかりづらい。そんな状況で、いかに生産性を上げればよいのでしょう？

○「仕事は盗んで覚えろ！」は過去の話

私が会社に就職したのは30年前。

その頃は、「仕事は盗め！　先輩の背中を見て覚えろ！」と言われていた時代でした。パソコンはチームに1台だけ。上司や先輩から、資料の作成や手書きの文章をワープロで打ち直す作業を頼まれたりしました。

書類をお客様のもとにファックスしたり、書類のコピーを取るのも、新入社員の役目。何枚もコピーを取りながら、株主総会の段取りや、会議の議事録の作り方などを覚えていったものです。

オフィスも、現代の静かなオフィスと違って活気がありました。先輩たちが、電話でお得意先と話す声を聞いて、敬語を覚えていきました。上司が先輩を怒鳴りつけるのを見て、やってはいけないことを学んでいきました。

明確な指示や、指導がなくても、見様見真似で仕事を覚えていけたのです。

しかし、今は違います。パソコンは1人1台の時代。資料作りは、当たり前のように自分で行い、書類の送信は、ファックスから、メールのファイル添付へ。お客様とのコミュニケーション手段も、電話が減り、ほとんどがメールでのやり取りです。

パワーハラスメントが騒がれ、上司が部下を怒鳴りつける光景も見なくなりました。

今や**先輩の背中を見ても何も覚えられないし、仕事を盗むこともできません**。

私は決して、「昔は良かった」と言っているわけではありません。

昔とは環境が違うのに、いまだに「仕事は盗め！」というスタンスで指導をしない上司や先輩がいることに異を唱えたいのです。

指示や指導をしていかなければ、いつまで経っても部下は仕事を覚えられず、何も任せることができません。それではチーム全体の仕事が遅くなってしまいます。

○「超高速PDCA」をチームで回すコツ

では、どうするか？

新人にも早く仕事を覚えてもらい戦力になってもらうために、チーム全体で仕事内容を共有するのです。

つまり、各人が何を行っているのかを認識できるようにする。

そのためには、チームでＰＤＣＡを回す必要があります。

以下は、そのステップです。

1．P（Plan：計画）朝のミーティング

まずは、チームのリーダーが主催して、朝の決まった時間にミーティング（打ち合わせ）を行います。

ミーティングでは、メンバーがその日に、何を何時までに行う予定か発表してもらい、リーダーは次のようなことを行います。

①　仕事量が多く残業しなければ終わらないというメンバーがいたら、仕事の一部

を別のメンバーに振り分ける
② 重要ではない仕事を行おうとしているメンバーがいたら、優先順位の高い仕事を先に進めるように指示する
③ メンバー全員の仕事量を把握し、チーム内の仕事の均衡化を図る
④ 外出や出張など、上司の予定を事前に周知し、仕事の進め方の確認や稟議書《りんぎしょ》を回すタイミングなどを確認する。「上司が不在で、判子をもらえず仕事が滞《とどこお》る」という事態を未然に防ぐ

2. D（Do：実行）仕事を行う

朝のミーティング後、仕事をスタートします。

「ミーティング↓仕事」という手順を踏んでいるチームは、かなり多いのではないかと思います。しかし、次のステップである、検証、改善を行っているチームは少ないはずです。

3. C（Check：検証）仕事内容を検証する

1日の仕事を検証するために、定時の30分前など、決まった時刻に、もう一度ミーテ

イングを行います。このミーティングは決して、仕事のミスや計画通りに進まなかったことを叱責する場ではありません。あくまで、その日の各メンバーの仕事の進み具合や段取りを検証し、次に活かすための改善の場になるようにします。

4．A（Action：改善）改善して次の日に活かす

検証と改善は一緒に行います。

たとえば、Aさんが、朝のミーティングでは「定時に終わる」と言っていた重要なプロジェクトの仕事がまだ終わっておらず、1時間残業することになっていたら、その場で原因を検証し改善します。

午前中に急なお客様が来たことが原因だとわかったら、明日からは、比較的、時間の空いているBさんにお客様対応をしてもらう。

CさんとDさんが、資金繰りの業務で忙しいようだったら、明日からは、Eさんに電話応対のフォローに入ってもらう。

このように検証し、明日へ向けた改善を決め、翌日はまた同じように全員でPDCAを回すのです。

ＰＤＣＡを日々回すことで、いつも早く帰る人と遅く帰る人の差が小さくなります。少なくとも、Ａさんは何を行っていてＢさんは何を行っているのか、お互いにわからないということはなくなります。

仕事が共有されれば、新人でも、先輩たちの仕事を学ぶことができるのです。

「毎日、朝と夕方のミーティングは大変」というチームは、まずは週３回でもいいので行ってみましょう。直行や直帰のメンバーがいても、テレビ会議やメールを使って対応することもできます。

管理職とは、管理してこその管理職です。

課長なら課の全員の仕事内容を、部長なら部の全員の仕事内容を把握している必要があります。部下が何を行っているかわからなければ管理もできません。

ぜひ、ＰＤＣＡを回すことでメンバーの仕事を把握し、チーム全員の仕事のスピードを上げてください。

Point

全員でＰＤＣＡを回すチームは、最速になれる！

第5章

「0→1」を最速で生み出すクリエイティブ思考術

01 「すぐアウトプットできる人」の秘密

社外、異業種からネタを仕入れて形にするコツ

第5章のテーマは「クリエイティブな仕事の速度を上げる」。
皆がウンウンと唸《うな》っているのに、1人だけ企画書をどんどん書ける人。
その人は、まわりの人たちと、いったい何が違うのでしょう？

○「クリエイティブな仕事」とは、「書くこと」である

毎日の決まり切ったルーティン業務に対して、都度、頭を使って、考えてやる仕事のことを「クリエイティブな仕事」なんていいます。

思いつくままに例をあげれば、「得意先への企画書」「上司へのレポート」「会議のプレゼン資料」「議事録」「広報から依頼された商品のPR記事」「社内報の原稿」「仕事終わりの営業日誌や業務日誌」「お客様への詫《わ》び状や礼状」などでしょうか。

個人的には、「ブログ」「メルマガ」の発信なども「クリエイティブな仕事」と思っています。

こうして眺《なが》めてみると、「クリエイティブな仕事」と呼ばれることのほとんどが、「**書くこと**」なのだとわかります。

頭の中で考えたことや他人に伝えたいことなど、それらを自分以外の人に伝えるために「書く」！

このスピードが速い人のことを、私たちは「クリエイティブな仕事が速い人」として認識しているのです。当然、「書く」という行為が速いか遅いかで、仕事の速さは変わってきます。

第5章では、この「書く」という「クリエイティブな仕事」をいかに効率的に行うかの話をしていきます。

○アウトプットできる人は、社外でインプットしている！

まず、大原則を1つ。

インプットなくして、アウトプットなし！

良質なアウトプットができる人は、必ず良質なインプットをし続けている人です。

「いいアイディアが浮かばない」と嘆く人は、インプットが足りないのです。元になるものが何もなかったら、「無」から作り出さなくてはなりません。それこそ天才でもないかぎり難しい話です。

クリエイティブな仕事が速い人は、常にインプットしているから速いのです。


ではそういう人たちは、いったいどこでアイディアの元を仕入れているのでしょう?

答えは、「**社外で仕入れている**」です。

社内にいるだけ、上司や後輩とだけ交流しているのでは、いいアイディアは浮かびません。


ある有名な漫画家が、次のようなことを言っていました。

「最近の漫画家志望の若い人は、漫画ばかり読んでいる。しかし、漫画家になりたければ、漫画ばかり読んでいてはダメだ。映画を観たり、小説を読んだりして、アイディアの幅を広げなければならない」

まさにその通りです。視野を広くして自分がいる世界の外に目を向け、「自分の世界」を広くしなくては、新しいアイディアのヒントは見つかりません。

会社という限られたスペースのなかで新しい商品の企画書を書こうと思っても、画期的なものは生まれてこないのです。

ビジネスパーソンが、視野を広げるのに有効な方法は、「書籍を読む」「セミナーに参加する」「異業種交流会・同業他社の交流会に参加する」などでしょう。

私は今でも、自分を高めるために、スキマ時間にビジネス書を読み漁り、月に1回はセミナーを受講し、時間を見つけては異業種交流会に参加しています。

そうすることで、目新しい情報をインプットでき、クリエイティブな仕事が速くできるようになり、残業が減って、さらに自分を高めてくれるインプットの時間を捻出できるという成功のサイクルを手に入れることができたのです。

以前の職場では、外部のことを知れば知るほど、上司の段取りの悪さや考えの浅さに幻滅し、転職するきっかけにもなりました。

Point!

「クリエイティブな仕事」のヒントは、社内にはないと知る！

02

自由な発想には、「制限」が効く

「何でもいい」という言葉の落とし穴

「クリエイティブな仕事」と聞くと、「自由な発想で」と思うでしょう。

しかし、この「自由に」というのが、実は曲者《くせもの》なのです。

多くの人は、「自由に」と言われると動けなくなってしまいます。

○「何でもいい」と言われると、人は動けなくなる

たとえば、初めてのデートのとき。

あなたが「ランチは何が食べたい？」と聞くと、相手が「何でもいいよ！」と答えたとします。

これって、一番困ってしまう回答ですよね。

「何でもいい」と言われると、かえって、なかなか決められません。

せめて、「和・洋・中」のどれかくらいは指定してくれって、言いたくなりませんか？

あるいは、ラーメンか、ステーキか、寿司か、具体的な名前を出してくれよ、と。

考えた末に「じゃあ、ラーメンでも食べようか」と言うと、「私、もう少しさっぱりしたものが食べたい」と……。

だったら、最初からそう言ってくれよ……。

私はビジネス書の執筆をしていますが、「本の執筆の依頼」も実はこれと一緒なんです。

もし、「何でも書いていいので、お好きなテーマで執筆してください」なんて依頼があったら、かえって、なかなか書き出すことができません。

それどころか、たとえテーマが決まっていても、読者ターゲットが決まっていないと、どう書いたらいいかわかりません。「コミュニケーションに関する本」でも、マネジャー向けに書くのか、新入社員向けに書くのかで、その内容はまったく異なります。

ターゲットが散漫だと、しっかりと必要なことを伝えることもできないし、そもそも、主張、コンテンツ自体がぶれてしまって、書き進めることができないのです。

ちなみに、編集者から「原稿の完成はいつでもいいです」と言われたら、私はいつまでも書きはじめることができない自信があります（笑）。

かくのごとく、**人は「自由でいいよ」と言われると、「自由に動けなくなってしまう」もの**なのです。

○制限は、クリエイティブな仕事を速くする

ビジネスの世界でも、一緒です。

「何でもいいからアイディアを出してくれ」

会議で、そんな風に議長から言われても、どんなアイディアを出せばいいかわかりませんよね。

企画書、提案書を書くときも同じです。

「会社を良くする方法についての企画書を頼む！」

そんな漠然としたことを言われても、なかなか書くことはできないでしょう。

「人事面で会社を良くする方法」「経営面で会社を良くする方法」「社内の風通しを良くする方法」など、具体的な「制限」があったほうが、よほど書きやすいもの。

さらに「売上をアップさせるための方法」「利益率を上げるための方法」「原価圧縮の

ための方法」と、絞り込んで指示されていれば、もっと書きやすくなります。

では、クリエイティブな仕事が速い人は、どうしているのか？

漠然としたテーマしか与えられなくても「よし、この部分について提案するか」と、**自分で勝手に、テーマに制限を加えて考えやすくしている**のです。

もしくは、ピント外れの提案にならないように「どのあたりについて考えてほしいか、もう少し詳しく聞かせていただけませんか？」と、**テーマを絞るための質問をしている**のです。

あなたが部下に「クリエイティブな仕事」を指示するときは、このことを踏まえて、部下が考えやすいように、選択肢を絞って伝えてあげるようにしましょう。

Point

「制限」を設けるほうが、クリエイティブな仕事は速くなる！

03

「0→1」のスタートでやるべきこと
手本にできる仕事がなくても焦らないコツ

ときには、まったく新しい仕事に取り組むこともあります。新しいテーマの仕事に取り組むとき、最初にすべきこととは？

○新テーマの仕事では、まず情報を集める！

先輩たちが残してくれた資料を真似して活かせる仕事なら、どんどん真似して仕事をショートカットすることが可能です。

しかし新しいテーマの仕事ではそれができないので、自分で考えるしかありません。創業以来、ずっと右肩上がりで成長してきた会社が、初めて経費の節減（コスト削減）に取り組む場合、その会社にとっては新テーマなので、社内にはそれらしい資料も提案書もない。さて、どうすればよいでしょう？

答えは、簡単です。

まずは**一にも二にも「役に立ちそうな情報を集めること」**です。

過去に何の蓄積もないなか、会議で提案するための「経費削減の提案書」を作ろうと思ったら、まずは、現状の情報収集をして、提案書を書くための材料(ネタ)を集めなければなりません。

情報もなく、ゼロから文書を作るのは、本当に大変……というより、ネタがなければ、書きようもない。**どんな料理の達人でも、材料がなければ一皿の料理も作れません**。

本を年に何冊も書いている私の知人は「本を書くときは、まず情報収集。これが終われば後は書くだけなので、あっと言う間に書き終わる」と言っていました。

それほど情報集めは、仕事を速くするためのポイントなのです。

クリエイティブな仕事が速い人は、常に情報を集め蓄積しているから速いのです。

○ネタ集めのコツは2つ

提案書などを書くためのネタを集めるコツは2つです。

1つ目は、「あまり深く考えずに、どんどん集める!」

情報を集めるとき、「このネタは本当に役に立つだろうか?」なんて悩む必要はありません。

悩まずに、1つでも多くの情報をかき集める。

提案書を書きはじめて「やっぱり要《い》らなかった」となったら、使わなければいいだけです。逆に「使わないと思ったけど、やっぱり必要だった。あの情報どこで見たんだっけ?」という事態になって、もう一度探す羽目になったら、とんでもない時間の無駄です。

少ない材料で料理を作るのは苦労しますが、多くの材料があれば選択肢が増えて、作るのが楽になります。使わなかった材料は冷蔵庫に入れて、別の料理を作るときに使えばいいのです。

2つ目は、「情報(ネタ)は、忘れないように記録する!」

どんなに良いアイディアが浮かんでも、人はすぐに忘れてしまうものです。

ですから、ネタは集められるときに確実に集める。アイディアなら、**浮かんだときに必ずメモをとる!**

人間の脳は、右脳でひらめいて左脳で記憶すると言われています。

私は脳の専門家ではないので、たしかなことはわかりませんが、個人的な実感としては「この情報は良いな！　この話はネタになるな！」と思っても、すぐにメモしないと、忘れてしまいます。

ですから、どんなときもメモの携帯は欠かせません。

百歩譲って、通勤中の電車で中吊り広告を見て、ふと良いアイディアが浮かんだとき、「覚えておこう」と意識的に記憶し、頭の中になんとか置いておくことができたとしても、それを忘れないために、新しいネタを思考できなくなってしまいます。

浮かんだネタはすぐにメモして、頭をフル回転できるようにする。

クリエイティブな仕事を進めているとき、手が止まったら、それは情報が足りない証拠なのです。

Point

過去の蓄積の真似ができない仕事は、情報収集から！

04

「0→1」が苦手でもうまくいく発想法
クリエイティブな仕事が速い人は、1人で悩まない

クリエイティブな仕事を速く進めるための情報収集。
その情報の元になってくれる、強力なものがあります。
それは、「他人の脳みそ」。その活用法とは？

○なぜ私は、いろいろなテーマの本が書けるのか？

ありがたいことに、私には出版社の編集者から「○○をテーマにして、本を書いてください」という、執筆依頼（オファー）があります。

「本のテーマ」は、まさに多種多様。

「効率的な勉強法」「時間活用術」「リーダー論」「ノート術」「PDCAの回し方」「仕事のマナー」「副業について」など、さまざまなテーマでご提案いただきます（本書で言えば、「仕事を速く進めるコツ」ですね）。

しかし、1冊の本として成立させるためには、少なくとも、8万字から10万字、項目

にして、40項目から50項目の原稿が必要です。これらを平均3か月で執筆しなくてはなりません。ビジネス書を書くには、かなりのエネルギーが必要なのです。

何しろ、ビジネス書は読者の役に立ってなんぼです。

読者の人生を変えるような、困りごとを解決するような、再現性のあるコンテンツを書かなければなりません。

その執筆を引き受けたからには、「情報収集」として、過去のノウハウのなかで役立ったコンテンツを箇条書きにしたり、類書を読んで学んだり、世界の最新情勢はどうなっているのか新聞や雑誌を読んで研究したりして、より良いビジネス書を書こうとするわけです。

一言で言えば、とても大変なんです(笑)。

でも実は、そんなときにとても有効な情報収集の方法があります。

それが、「**他人の脳みそを借りる**」という方法です。

○「他人の脳みそを借りる」一番簡単な方法

この「他人の脳みそを借りる」のに、もっとも簡単な方法。

それは、「**会話**」です。

有名な先人や著名な専門家の場合は、対面で会話をすることはできないので、その人が書いた本を読むなどしかできません。

でも、実際に会話ができる相手であれば、面と向かって話をする。

そして、その人の意見に耳を傾ける。

これが一番手っ取り早い「他人の脳みそを借りる方法」なのです。

ビジネス書を執筆する場合だと、担当の編集者と会話する。

これが実に有効です。そのメリットは、次の通り。

① 話すことで、私の頭の中にあるアイディアを引き出してくれる。

② 話すことで、読者の必要としていることがわかってくる。

③ 自分が編集者（第三者）に話すことで、自分が当たり前だと思っていたことが、第三者は知らないことであり、役立つ情報だったということがわかる。

④ 話していくうちに、自分の頭の中が整理される。

⑤ 1人で悶々と悩んでいるときには、浮かばなかったアイディアがひらめく。

たとえば、「効率的な勉強法」をテーマにした本の企画の場合。

「なぜ税理士を目指したのか？」

「なぜ働きながら建設業簿記1級、宅建、税理士と高難易度の資格が取れたのか？」

「独学、通信学習、通学のなかで、どれが良いのか？」

「テレビは悪か？（NO。テレビは見方によっては悪じゃない）」

「三日坊主の防ぎ方は？（三日坊主を意識しすぎず、仮になっても再開すればいい）」

「合格体験記を読むことは重要か？（NO。成功体験より失敗体験から学ぶべき）」

など、編集者と話すことで、自分では当たり前だと思っていたことが、実は独自のアイディアや勉強法だったということに気づかされるのです。

○「アイディアを引き出してくれる会話」とは？

私と編集者が交わした、「アイディアを引き出してくれる会話」の実例を紹介します。

「サラリーマンが大学講師になる方法」というテーマで、執筆のオファーがあったときの、私と編集者との会話内容です。

編集者　「なぜサラリーマンなのに、大学講師になれたのですか？」

私　「憲法や経済学などアカデミックな学問も重要ですが、今の時代、専門性を高める勉強の需要が多いのです。就職先である企業、親、生徒、そして学校側がそういう専門性を高める話ができる講師を求めています。私も20年前だったら、まさか自分が大学で登壇できるとは思ってもいませんでした。しかし今は簿記、財務分析、マナー、営業ノウハウなどを教えられる講師を探しています。なのでサラリーマンの私でも大学講師になれたのです」

編集者　「なるほど、サラリーマンが大学講師になることは無理だと思っている人がほとんどなので、そのことは本に書けますね！」

ここでは編集者と話すことで、**サラリーマンやセミナー講師、著者が大学で登壇できる理由が整理でき、本に書けるネタを見つけることができました**。

編集者　「石川さんが、大学講師に採用されたきっかけは？」

私　「大学講師を行っている友人や、セミナー講師の知り合いに、『大学で登壇したい』と言い続けていたのです。そうしたら簿記の講師を探している大学があって、話をいただけたんです」

編集者「自分のやりたいことを公言することが重要ですね」

私「あっ！　たしかに！　やりたいことをまわりに宣言したから登壇することができました。講師採用のホームページなどを見ていなかったので、言っていなかったらなれませんでした。私の知人にも『自分も大学講師になりたかったな〜』って言う人がいますが、その人はまわりに何も言っていなかったので、空きがあっても声をかけられませんよね」

ここでは編集者と話すことで、**「講師になりたかったら宣言する」というコンテンツができあがりました**。

編集者「でも宣言するって勇気が要りますよね」

私「そうですね！　まわりに宣言するには、恥ずかしくない専門性を身につけておく必要があります。さらに、いつ声がかかってもいいように専門性を高めておく必要もある。そして、講師になったこともないのに、

『止めたほうがいい』などとネガティブなことを言って、ダメな理由探しをする人の話には耳を傾けない、相談をしないことも大切ですね」

ここでは編集者と話すことで、**「事前の勉強が必要」「ネガティブな人は無視する」などのコンテンツに気がつくことができました**。

ほかにも、「登壇するときの注意点は？」「生徒との接し方で困ったことは？」「若い人たちに教えてみて、良かったことは？」「報酬として、いくらもらっていますか？」など、読者が知りたい「本に書けるコンテンツ」のヒントを、たくさん引き出してもらえました。

編集者の脳みそを借りることで、本の紙面が埋まるくらいのコンテンツを集めることができたのです。

○クリエイティブな仕事が速い人は、「雑談好き」？

オフィスで過ごす時間は、いかに集中タイムを作り出し、その時間を活かして仕事を速く進めるかが勝負です。

しかし、昼食時間や仕事と仕事の間のちょっとしたスキマ時間などで、まわりの人と雑談して、仕事を進めるうえでの困りごとなどを共有すると、新しいアイディアや気づきが生まれることがあるのです。

日ごろ、新入社員と話すことがないという人も、慣習に浸かっていない新入社員から新たな意見や新企画のアイディアが出たり、いつも以上に話が盛り上がるかもしれません。私は実際、新入社員や若手の社員から意見を聞くことで、多くのアイディアをもらっています。

企画書やプレゼン資料の作成など、クリエイティブな仕事を進めているとき、行き詰まってしまったり、良いアイディアが浮かんでこなかったりしたら、1人で悩まず多くの人と会話をしてみましょう。そして、相手の脳みそを少し拝借しちゃいましょう。

クリエイティブな仕事が速い人は、**雑談を自分の仕事にうまく利用している**のです。

「会話」は「アイディアの母」！

05

「絶対にミスしない人」の振り返り術
抜け漏れが一切なくなる「6W3H活用法」

クリエイティブな仕事が滞る1つの原因。
それは、集めた元ネタに漏れがあること。
この「漏れ」を防ぐ方法とは？

○情報の聞き漏れは、二度手間になる

たとえば、忙しくて面談の時間をなかなか取ってもらえない取引先の社長との打ち合わせ。

そんなときに重要な点で聞き漏れがあると、とても面倒です。

後から聞くのは相手にとっても迷惑だし、「仕事ができないやつ、要領の悪いやつ、仕事の遅いやつ」と思われかねません。

聞き漏れだけではありません。

一発勝負のプレゼンでの「言い忘れ」もやっかいです。「プレゼンのときに言い忘れ

てしまいましたが……」と、後から追加するのもカッコ悪い。

クリエイティブな仕事が速い人は、そのあたりを心得ていて、絶対に聞き漏れや言い忘れがないようにして、1回のチャンスを確実に活かすようにしています。

それにしても「企画書を作っているとき」「部下が作成した提案書の内容をチェックしているとき」など、抜け漏れがないかチェックできる便利なツールはないのでしょうか？

実はあるんです！

私は、この便利なツールを活用して、必要な項目の書き漏れ、伝え漏れがないかをチェックするようにしています。

○「6W3H」は5W1Hの発展形！

企画書、提案書、一発勝負のプレゼンやインタビュー、作成した資料の最終チェック。

そんなときに、必要事項の抜け漏れを防いでくれる、万能ツール。

それは、「**6W3H活用法**」です！

文章の書き方を習ったとき、「5W1H」というのは、誰でも聞いたことがあると思います。
「6W3H活用法」は、それをさらに詳しくしたものです。

○6W
「Who」(誰が?/誰が主体か? 誰が担当か?)
「What」(何を?/何を目標にするか?/何が目的なのか?)
「When」(いつ?/いつまでか?〈期限・期日・日程・開始時間・終了時間〉)
「Where」(どこで?/行き先は? 集合場所・解散場所は?)
「Why」(なぜ?/理由は?/根拠は?/動機は?)
「Whom」(誰に?/対象者は?/誰に分担するか?)
○3H
「How」(どのように?/方法は? 手段は?)
「How much」(いくら?/金額は? 費用・予算は?)
「How many」(どのくらい?/数量は? 人数は? 定員は?)

クリエイティブな作業を行うたびに、頭の中で抜け漏れがないかいちいち考えるより、見直しの段階で**「6W3H」の型で機械的にチェックしたほうが、楽かつ確実に見直しが速くなります**。

ぜひ、右記の「6W3H」をコピーしてお使いください。

ちなみに、私の事務所では、電話の伝言メモも、①日時②誰から③要件④先方の電話番号⑤先方の電話番号を登録していたら短縮番号（不在者の調べる手間を省く心遣い）⑥誰が受けたか、という6項目の欄があるテンプレートを使っています。

取り次ぐ相手が不在の場合、この伝言メモを見ながら先方と話すことで、聞き漏れを防ぐことができるのです。

Point!

「6W3H」で「漏れ」を防いで、二度手間をゼロに！

06

「アイディアが形になる人」の秘訣
クリエイティブな仕事が苦手な人のための仕事術

クリエイティブな仕事を速く進める方法を紹介してきた第5章。
最後に、「クリエイティブな仕事が嫌い」という方へ。
私の経験から、2つのアドバイスです。

○私もクリエイティブな仕事から逃げていた

毎日行っているルーティンワークは、極端に言えば何も考えていなくても、時間さえあれば、淡々と進めるだけで自動的に終わります。

営業も同じです。「得意先を、1週間に50コールする」というのがノルマなら、淡々とコールを続ければいい。

しかし、「1週間に1件は、新規の成約を取る」というと、話は変わってきます。

それは、**ルーティンワークではなく、クリエイティブな仕事**だからです。

提案書やプレゼン資料を書くのも同じ。時間をかければ終了するわけではありません。

クリエイティブな仕事は、時間があれば終わるものではないのです。

私は中学や高校の頃、定期試験の前になると、必ず部屋の大掃除をしていました。部屋を掃除しても、テストの点は1点も増えません。

今にして思えば、テストという現実から逃避していたのでしょう。

クリエイティブな仕事が嫌いという方は、やっかいな仕事を前にすると、当時の私と同じような心境になるのではないでしょうか?

一刻も早く、提案書やプレゼン資料を作成すべきなのに、簡単にできるルーティンワークばかりやってしまう。私が部屋の掃除をやってしまったのと同じ心理なのでしょう。

どれだけ簡単な仕事が終わっても、提案書もプレゼン資料も一文字も進みません。

そんなあなたに、私からこの章での最後のアドバイス。

1つ目は「**無心になって、とにかくクリエイティブな仕事に取り掛かる!**」です。

余計なことは一切考えずに、まず一歩。いや半歩でもいいので、とにかくスタートしてください。

○完璧でなくても、後から直せばよい

2つ目のアドバイスは、「**とにかく、最後までやる！**」です。

提案書でもプレゼン資料でも、**うまく作ろうなんて、これっぽっちも考えず、書き続けることが重要**です。形式にこだわらず、とにかく手を止めないで書き続ける。

そして、最後まで書き切ってください。

そうやって形にしたら、後は**見直して修正していけばいい**のです。

誤字脱字なんて、そのときに直せばいい。

余談ですが、25年前、中途採用で事務社員を募集したときのこと。当時の履歴書は手書きが主流でした（今もですが）。とても良い内容を書いている応募者がいたのですが、誤字脱字が3か所もあって、残念ながら不採用にしたことがあります。

一世一代の行事である就職の履歴書で、3か所も誤字脱字をするなら、重要書類を作らせても、何度も間違いをされそうな気がしたからです。事務職には、お金を扱う経理業務もあるし、銀行との取引もあるので、ミスは信用問題にもなってしまいます。

このように誤字脱字などのミスは許されません。しかし**見直しさえちゃんと行えば、防ぐことができる**のです。ですから、**書いている最中に意識する必要はありません。書き上げた後に、しっかり推敲《すいこう》すればいい**のです。

書いた文章は、一度寝かせて、後から清書することをおすすめします。

時間をおくことで、自分の文章を客観的に見ることができるからです。

ちなみに、私の数少ない経験からすると、夜に書いたラブレターは、朝に読み返すと、ほぼ100パーセント、「うわ～なんて気持ち悪いことを書いているんだ……」という文章になっているものです。

書いているときは自分目線で書いていますが、時間をおいて読むと客観的に読めるので、独りよがりの文章を修正することができます。

そんなわけで、クリエイティブな仕事が不得意な人は、「**無心でスタートして、とにかく最後まで作業し、後から冷静に見直す**」。ぜひ、この手を使ってみてください。

Point

決して、最初から良いものを書こうと思わない！

第6章

自分の時間が増える「すぐやる人の習慣」

01

仕事が速い人の「早起きの習慣」①
朝は「緊急ではないが重要な仕事」のためにある

第6章のテーマは「仕事のスピードと質を支える習慣」です。仕事が速い人たちは、スピードが速いだけでなく、仕事の質も高いもの。いったい、どんな習慣を持っているのでしょう?

○緊急度と重要度で、仕事は4つに分類される

時間管理というと、「時間管理のマトリックス」が有名です。「緊急度」と「重要度」という2つの軸で、仕事や物ごとを、4つの種類に分けた図のことです。その4つとは、「緊急かつ重要なもの」「緊急ではないが重要なもの」「緊急だが重要ではないもの」「緊急でも重要でもないもの」の4つです。

よく言われるのは、人はつい「緊急だが重要ではないもの」と「緊急でも重要でもないもの」を優先して行ってしまうということです。

基本的に人間は楽をしたい生き物。仕事を意識して分類しなければ、前述した通り、

時間管理のマトリックス

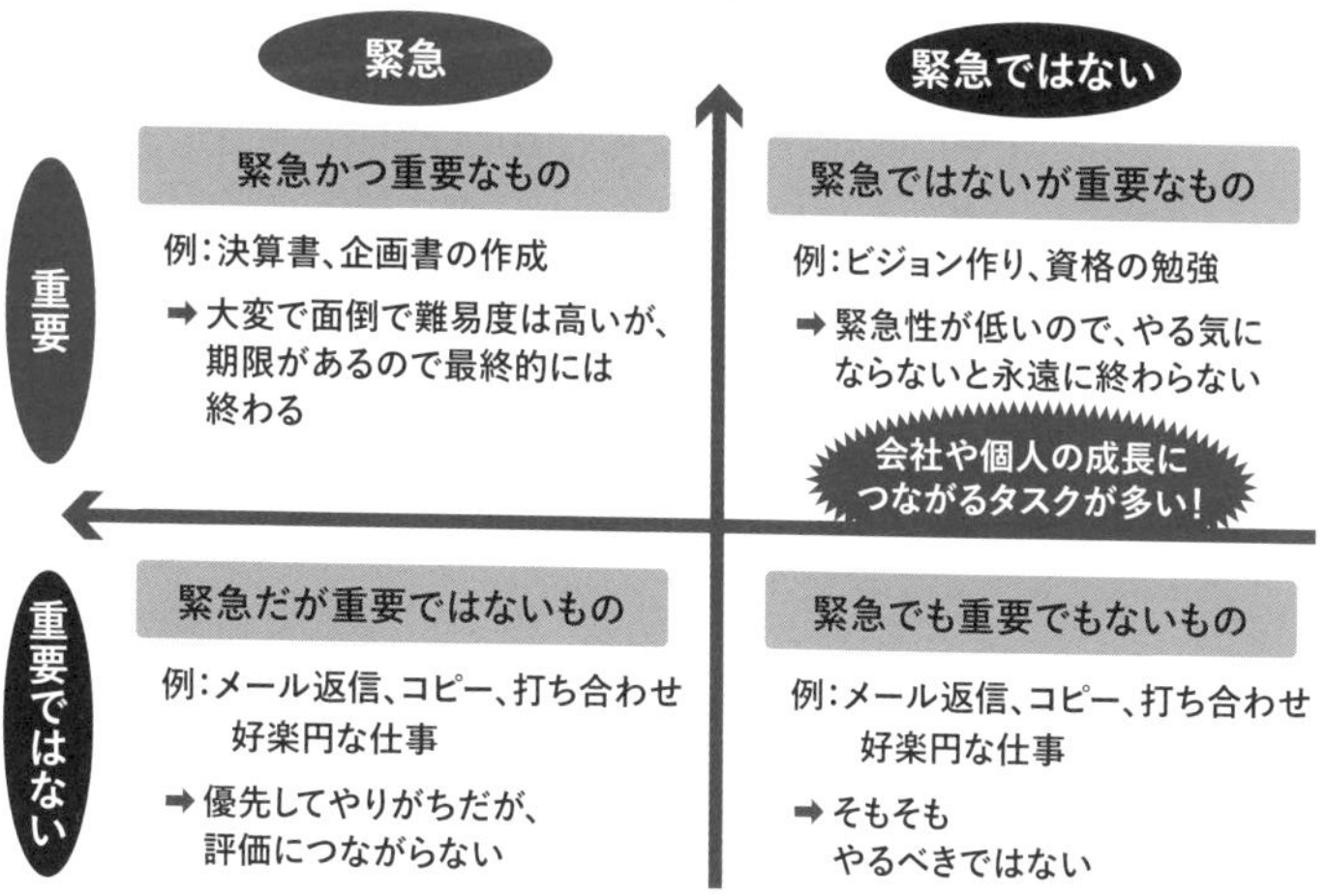
緊急
緊急ではない
重要
重要ではない
緊急かつ重要なもの
例：決算書、企画書の作成
➡大変で面倒で難易度は高いが、期限があるので最終的には終わる
緊急ではないが重要なもの
例：ビジョン作り、資格の勉強
➡緊急性が低いので、やる気にならないと永遠に終わらない
会社や個人の成長につながるタスクが多い！
緊急だが重要ではないもの
例：メール返信、コピー、打ち合わせ 好楽円な仕事
➡優先してやりがちだが、評価につながらない
緊急でも重要でもないもの
例：メール返信、コピー、打ち合わせ 好楽円な仕事
➡そもそもやるべきではない

「好楽円な仕事（好きな仕事、楽な仕事、円滑に進む仕事）」を先にしてしまいます。

好楽円な仕事には、たとえば、メールの返信、コピー、打ち合わせなど、「緊急だが重要ではないもの」「緊急でも重要でもないもの」が多いのです。

こんな仕事ばかりを優先してやっていては、肝心の「緊急かつ重要なもの」「緊急ではないが重要なもの」がいっこうに進みません。それに「好楽円な仕事」だけをやっていても、その人の評価は上がりませんし、会社も潤《うるお》いません。

ですから、**「自分がこれからやろうとしている仕事は、4つのうち、どれ**

にあたるのか」を意識して、しっかりと優先順位をつけて取り組むことが大切なのです。

○「緊急ではないが重要な仕事」を終わらせる方法

この4つの仕事のなかでも、とくに曲者なのが「緊急ではないが重要な仕事」です。

「緊急かつ重要な仕事」は、誰でも期限ギリギリになれば、どうにか終わらせます。

たとえば、決算業務。申告日までに提出しなければならないので、面倒でも、好きじゃなくても提出期限までに必ず行います。

つまり「緊急かつ重要な仕事」は期限があるので、完成度はさておき意識していなくても、仕事自体は終わるということです。

しかし、「緊急ではないが重要な仕事」は、やる気にならないと永遠に終わらない可能性があります。だって緊急じゃないんですから。

会社で言えば「事業計画の作成」「ビジョン作り」「5か年計画」など。

やらなくても、日々の仕事は回っていきます。

プライベートで言えば「資格試験の勉強」「キャリアアップのための自己啓発」「スキルアップのための読書」などでしょうか。

これらも、あえてやらなくても日々は滞りなく流れていきます。具体例を見るとわかるように、「緊急ではないが重要な仕事」は、会社や個人をより良い方向へ向かわせたり成長させたりするもの、その他大勢から抜け出すものが多いのです。

先延ばしにしがちなこの曲者は、いったいどうやって行えばいいのでしょう？

答えは、**朝イチに行ってしまう**のです！

1日のスタートのときに「緊急ではないが重要な仕事」に取り組むことを習慣にする。

行政書士の資格を取りたかったら、朝1時間早起きして、その勉強をする。

30分早く出社して、その時間に会社のビジョンを考える。

いつもより早起きしなければ、もともとはなかった時間です。ですから、他の仕事時間が短くなることもありません。早起きして捻出《ねんしゅつ》した「**朝時間**」は、「**緊急ではないが重要な仕事**」**をやるのにもっとも適した時間**だと心得ましょう。

Point

「朝イチ」を「緊急ではないが重要な仕事」のゴールデンタイムに！

02

仕事が速い人の「早起きの習慣」②
すぐやる人は「力を入れるべき時間帯」を把握している

朝は、「緊急ではないが重要な仕事」を行うゴールデンタイム。
つまり、朝の過ごし方1つで、自分を変えることができます。
私の経験から、その実例を紹介しましょう。

○朝は、集中力が満タン！

前項で、朝イチに「緊急ではないが重要な仕事」に取り組むとよいとお伝えしました。
朝イチに、仕事がはかどるのには理由があります。
それは、3つの邪魔が入らないから。
3つの邪魔とは、**「メール」「電話」「部下（上司）からの声かけ」**。
朝イチは、この3つの邪魔がとても少ない。
早い時間なら早い時間ほど邪魔される確率は減ります。
早朝、会社に一番に出社すれば、次の人が出社するまでは静寂の時間です。

何度もお伝えしているように、仕事も勉強もリズムが重要です。

せっかくリズムよく集中していても、電話が入ったり、部下から声をかけられたりすると、それが「**ブツッ!**」と切れてしまいます。

一度切れた集中力を、元に戻すのは大変です。

「夜、家族が寝た後も静寂の時間じゃないか」

そんな声が聞こえてきそうです。

でも、考えてみてください。会社帰りに専門学校や語学の学校に通って勉強するなら、何時から何時までという期限があるので大丈夫ですが、会社から帰って自宅で勉強するときは、なかなか期限を決めづらい。

寝る時間までできる、というのが落とし穴です。

つい「テレビを観てからやろう」「食事してからやろう（満腹になると眠くなるので最悪）」と他のことをしがちで、「緊急ではないが重要な仕事」には取り掛かれないもの。

1日の仕事で疲れていて、集中力も落ちています。

これでは、「今日は疲れたから、明日の夜にやろう」と、三日坊主へまっしぐらです。

ですから、やはり「朝」なんです。

朝の時間は、集中力が満タンの状態です。目が覚めた直後なんて、まっさらな状態。そして、朝イチに「緊急ではないが重要な仕事」に取り組む最大の効果は、出社までという「究極の期限」があるという点です。

できる時間に限りがあるので、集中力がさらにアップするのです。

○税理士試験突破は「朝時間」のおかげだった！

私が仕事を辞めて、税理士試験に専念していたときの体験です。

もともと私は、「夜型人間」でした。いや「夜型」というより、ヒマにまかせて、1日中ダラダラと勉強をしていたような気がします。

いつでも勉強できる環境だったために、期限を作って集中することがありませんでした。

最初の半年は独学だったため、好きなときに寝て、好きなときに起きて、いつでも勉強できる環境だったのです。

この「いつでも勉強できる」は、言い換えると「いつでも勉強をサボれる」と同意語でした。そのことに気がつかず、時間管理ができなかった最初の年の試験は、100点満点で1桁の点数という大惨敗で不合格になりました。

反省した私は、次の試験に向けて、今度は税理士事務所に週4日パートとして働きながら勉強をするように変更しました。さらに専門学校にも通学。おかげで、すっかり時間にメリハリがついたのです。

そして、早寝早起きすると決意。「朝型人間」に変身しました。

朝の準備をする2時間前に起きて勉強。勤務日なら出社時間まで問題を解く。専門学校のある日は、授業がはじまるまでに前回の復習を終わらせる。

1日に進めるノルマを決めて、計画的に勉強していましたが、朝に予定の半分近くを終わらせると1日が楽でした。逆に寝坊した日は、昼休みや休憩時間、信号待ちの時間など、スキマ時間をかき集めて予定を終わらせていました。

皮肉なものです。会社を辞めて勉強に専念していたときよりも、格段に勉強時間は減りましたが、朝の集中できる時間帯に期限を決めて勉強したことにより、翌年には税理士試験に合格することができたのです。

長い時間ダラダラとやる勉強よりも、忙しいなか、期限を決めて集中してやる短時間の勉強のほうがいかに効率的か、身をもって知りました。

朝は人生を変えるゴールデンタイムです。

資格や昇進試験の勉強のみならず、いつも先送りする「緊急性のない重要な仕事」も、朝一番に行えば終えることができます。

仕事が速い人は、「力の入れどころ」も「力を入れるべき時間帯」もわかっています。

力を入れるべき時間帯は「朝（広い意味で午前中）」です。朝の時間を利用して、人生を変えましょう。

○朝時間を活かすコツは「逆算」にあり！

「朝時間がいかに仕事を速くしてくれるかはわかったけど、朝は苦手なんだよね」

そんなあなたに、朝時間を活かすうえでのコツをお伝えします。

たとえば「明日からは毎朝、早く起きて勉強しよう」と決めたとします。

最初は誰でも頑張って早起きできます。しかし数日も経つと、だんだんと布団を出るのが辛くなってきます。

目覚まし時計で、目は覚めても、寝不足でボーッとして頭が働かなかったら意味がありません。目覚めてすぐに最高のパフォーマンスを発揮できなければ、朝イチに勉強する意味がありません。

朝、スッキリと目覚めるためには、逆算をしてください。手順はこうです。

① まず、○○の資格試験に合格するなど、目標を達成するための計画を立てる。
② その目標を達成するためには、毎朝、何時間の勉強が必要かを調べる（例：1時間）。
③ 出社時間から逆算する。毎朝1時間の勉強が必要なら、出社準備をしなくてはならない時間の1時間前に起きると決める（例：出社準備が7時なら、6時に起床）。
④ 自分が最高のパフォーマンスを発揮できる睡眠時間を調べる。仮に7時間は眠らないと頭が冴えないとわかったら、起床時間から逆算して、その睡眠時間を確保するためには何時に寝ればよいかを決める（例：6時に起きるために11時に寝る）。

重要なのは、布団に入る時間なのです。起きる時間だけ決めても、寝る時間がバラバラだと、適正な睡眠がとれず、寝不足になり、長続きしないのです。

Point

「目標」は、最高の目覚まし時計！

03

失敗しても引きずらないメンタル
会社を辞めたくなったら、この方法で乗り切れる！

仕事が速い人は、失敗しても引きずりません。
習慣的に、切り替えが早い。
いったいどう考えて、気持ちを切り替えているのでしょう？

○目標をルーティンワークに変えてみる

自分の仕事に自信が持てず、なかなか行動できない人がいます。
失敗したらどうしよう？
売れなかったらどうしよう？
契約できなかったらどうしよう？
つい、ネガティブなことが頭をよぎり、行動することができなくなる。

一方、仕事が速い人は、悩む前に行動してしまいます。

そして、失敗してもあまり落ち込まないし、引きずらない、切り替えが早い。

そもそも、仕事なんて「失敗してなんぼ」。そう考える習慣を持っています。

成約が取れるかどうか不安で動けないという人は、成約率ではなく、回数を目標に変えてみてはいかがでしょうか。

「1か月に5件の成約を取ること」ではなく、「午前中に200本の電話セールスをかけること」なら、ある意味ルーティンワークです。あるいは週に50件の顧客訪問を目標にしてみる。数が目標になるので、少なくとも落ち込むことはありません。

不安で動けない人でも、とにかく行動することができます。

また、**自分の業界の成約率を調べておく**のもいいでしょう。

平均値を知ることで、必要以上に不安がらずに済むようになります。

仮に「100社訪問して1社から成約が取れればすごい確率の業界」だと知れば、100社訪問して97社から断られても、落ち込むどころか「3社も成約ができてすごい！」と思えます。

少なくとも、自分の業界の商品がどれぐらいの成約率か調べておく必要があります。

「ここまでしか売れない商品」なのに、上司が、それ以上売れと言うことも、その商品としては十分な成果を出しているのに落ち込むのも、お互い疲れるし不幸になるだけです。

もちろん平均の成約率を知ったうえで、目標をその20％増に設定するなど、会社のビジョンを考えて目標値を高くする必要はありますが、平均の成約率も知らずに、あまりに無謀な計画を立てると、結果が出ずに落ち込んでしまいます。

「この商品は、これだけの平均成約率なので、これだけ売ろう！」

そういう観点で、個人での目標も、チームでの目標も、「実現可能な目標」を掲げることが必要なのです。

○イチローが「6割も打てませんでした」と、謝罪会見をするか？

仕事が速い人は、その辺りがわかっています。

力の入れどころがわかっていて、不必要に落ち込まない習慣を持っています。

トランプを全部めくってハートが出るのは4枚に1枚。

確率で言えば25％。ジョーカーを抜かせば4種類のカードが13枚ずつ入っているのですから、当たり前です。すべてハートで埋め尽くしたい、せめて半分はハートをめくりたい、とどれだけ気合を入れても、どれだけ頑張っても、25％の確率です。それ以下でもそれ以上でもありません。25％だからといって悔しがる人はいません。

引退した野球界のレジェンド、イチロー。

夢の打率、年間4割に到達することはありませんでしたが、仮に4割を達成して記者会見の場で、「申し訳ありません、半分以上、6割も打ち損じてしまいました」とは言いません。プロの野球界で4割を打つことはとんでもなくすごいことを、統計的にまわりの人も認識しているからです。

基準を知っていれば、無駄に落ち込まずに済むし腹も立ちません。

○もし会社を辞めたくなったら？

無駄に落ち込む必要はない。

気持ちを切り替える習慣を持つことが大切。

それがわかったとしても、本当に仕事が辛くて会社を辞めたい。

自分に合っている会社に転職したい。あるいは、自分で起業したい。

でも、今の自分には、より良い会社に転職したり、独立したりする力はまだない……。

いったい、どうすればいいのか？

そんなときは、ぜひ、こう考えてみてください。

1年後の今日、会社を辞める！

そう考えるとどうなるか？

期限が1年しかないとなれば、行動が変わってきます。

今のままで、漫然と過ごしていて1年後に会社を辞めたら、確実に路頭に迷ってしまいます。

どうしようと言っている暇はありません。

今の職場で、次の仕事や独立後に役立つことを1つでも多く吸収しよう！

ダメ元で、思い切って営業してみよう！

朝の通勤電車でビジネス書を読もう！

実践できることがあったら試してみよう！

1年後まで、後250日は出社するとして、1日に1つ試すとしたら250コンテンツを試すことができる！

ビジネスセミナーにも行って実力をつけよう！

今後に必要な資格も取ろう！　など。

1年後に退職するという究極の期限を決めると、自ら進んで行動するようになり力がついていきます。そうなると昨日までと景色が違って見えます。周囲の、あなたを見る目も変わってきます。

「1年後に辞める決意」をしたあなたは、何も恐れない行動派の人材になり、会社にとって必要な存在になるかもしれません。

あなたも、ふっ切れて取り組むことで、今の仕事の面白さに気づくかもしれません。

Point

「失敗してなんぼ」と思っていれば、落ち込まないし、前進できる！

04

仕事が速い人は、本の力を知っている

良書を選び、読む習慣を持つ

仕事の速い人は、ほぼ全員が読書家です。

良い本を読み実践することで、仕事を加速しています。

では、どうやって自分に合った良書を選べばよいのでしょう?

○読書は、仕事の加速装置

仕事のスピードを加速するのに、一番手っ取り早い方法。

それは間違いなく、**ビジネス書を読むこと**です。

私が知るかぎり、仕事が速い人は、皆、共通して読書家です。

こなしている仕事の量がハンパないのに、「いつ読んでいるんですか?」というくらいにたくさんの本を読んでいます。逆に、仕事が遅くて、たいした量の仕事をしていない人にかぎって、「忙しくて、本を読む時間なんてない」なんて言っているもの。

「入社1年目なので、ビジネスマナーを身につけたい」
「最近、営業成績が伸び悩んでいるので、お客様の心をつかむ販売方法を知りたい」
「初めて管理職になったので、リーダー論を知りたい」
「職場の人間関係を改善したいから、コミュニケーション能力を身につけたい」

仕事における悩みは、人によっていろいろです。

「マナー」「営業ノウハウ」「リーダー論」「コミュニケーション術」「時間術」など、ビジネスの悩みはすべて、本が解決してくれます。

本の著者は歴史上の偉人から、大御所の専門家、カリスマセミナー講師、外国の有名コーチ、一流の専門家まで、ありとあらゆる先生たちがいます。そんなすごい人たちが、書店の書棚で、あなたをコンサルするために待ってくれているようなものなのです。

仕事が速い人は、その効用を知っているので、読書を習慣にして、本に書かれていることを実践して、仕事をスピードアップさせているのです。

○「自分に合った本」の選び方

書店で私たちを待ってくれている、さまざまな先生たちが書いた本。

素晴らしい本がたくさんあって、正直、目移りしてしまいます。どの本を読むか迷ってしまったときのために、「お試し期間」とも呼べる便利な方法があります。

それは、「立ち読み」！

ビジネス書は1冊1500円くらいしますが、この「お試し」は無料です。

これを利用しない手はありません。

私は緊急を要する書籍以外は、ネットではなく書店で購入しています。書店だと探しているテーマの関連書籍が並んでいるのでペラペラとページをめくって比較できますし、探していた本とは関係のないテーマの本に惹《ひ》かれて購入することもできるからです。

リアル書店には、そんな効果や楽しみがあります。私は、人との待ち合わせ場所を書店にしています。そもそも私の一番の趣味は書店巡り、二番が古本屋巡りなんです。

私の本の選び方は、まずは、「タイトル」。自分が求めている本なのかタイトルや帯などで確認します。

次に、「著者プロフィール」を見て、この本を書くに値する人物かを判断します。「この人の言うことなら信頼できる」と思ったら、「はじめに」で、著者の言いたいことや方向性が自分に合うかどうか読み取り、最後に「目次」を見て、「響く目次」であれば購入します。

目次を見て、すでに知っていることばかりだったり、中身がすべて予想できる程度であったりしたら、買う必要はないと判断して買いません。

ということで、書店でパッと見て惹かれた本を買うかどうかの判断は、立ち読みで、**「タイトル」→「著者プロフィール」→「はじめに」→「目次」**の順に見るのがよいでしょう。タイトル以降は、「はじめに」→「目次」→「著者プロフィール」など、順番が変わってもOK。

○私のデビュー本の秘密

私自身が、本を選ぶときに、「タイトル」→「著者プロフィール」→「はじめに」→「目次」の順にチェックをしていましたから、初めて本を書いたときは、その4点について、とても意識しました。

デビュー作は『30代で人生を逆転させる1日30分勉強法』（CCCメディアハウス）という本です。おかげ様でベストセラーになり、文庫化、電子書籍化され、そして韓国でも発売されていますが、私と同じような本の選び方をしている方々は、購入された確率が高かったと自負しています。

読者ターゲットは、30代の激務のビジネスパーソンで中間管理職。上から文句を言われ、下からは突き上げられる世代。

そんな「人生を変えたいけど、時間がなくて人生を変えられない人たち」に刺さるように「1日30分勉強するだけで、人生を変えることができますよ」というメッセージをタイトルに入れました。

タイトルに興味を持ってくださった方は、この本を書くに値する人物なのか、私のプロフィールを確認するはずです。「著者プロフィール」では、自分がいかにダメダメな人生から逆転したかについて、恥も外聞もなくさらけ出しました。

全員合格の高校、大学は夜間の定時制でしかも留年、就職したのは今でいうブラック企業、そこから人生を変えるために、日商簿記3級の勉強からスタートして、2級、1級と難易度を上げていき、税理士試験に合格。15年の勉強期間と15年の講師期間（当時、大原簿記専門学校の現役講師）、独学、通信、通学を体験している……。

ここまでプロフィールで書いて、このテーマの本を書くに値する人物だと思ってもらったのです。

「はじめに」では、こう説きました。

「人生を逆転させる方法は、独立するか、転職するか、社内で一目置かれるスペシャリストになるしかない。税理士、社会保険労務士などで独立するためには資格試験の勉強が必要。転職するためには、転職先が求める人材になるために勉強をすることが必要。会社で一目置かれるスペシャリストになるためには、スペシャリストになる勉強が必要。つまりどの方法で人生を逆転させようと思っても唯一の道は勉強しかない」

「目次」では、「朝じゃなくていいですよ」「テレビを見てもいいですよ」「1日30分でもいいですよ」と、独自のコンテンツで惹きつけました。

タイトルで目を惹き、「著者プロフィール」「はじめに」「目次」で、購入したい気持ちになってもらおうとしたから、ベストセラーになったのだと思っています。

読書の習慣の大切さと、自分に合った本の見つけ方をお伝えしました。

限りある時間のなかで良質な本に出合い、仕事の速度と人生を変えてくださいね。

Point

良い本との出合いは、仕事の速度を上げ、人生を変えてくれる。

05 速読のコツは「目的意識」にあり！

本の中身を活かすことを習慣にする

読書は大切ですが、本をたくさん読むだけでは意味はありません。
書かれていることを1つでも自分に活かすことが重要。
本を読んだら、実生活に活かすことを習慣にしましょう。

○私がセミナーで、最初に伝えること

本は、お試し（立ち読み）無料、コンサル料（書籍の購入代）も1500円前後。これ以上ない良心的なコンサルタントです。

しかし、1つだけ欠点があります。

それは、そのお手軽さゆえ、**読んだら読みっぱなしになってしまいがち**なこと。

これが何万円もすれば、人間は「元を取ろう」と必死になるのですが、1500円くらいだと、読んだだけで安心して1つも活かすことなく、数日経てば読んだことをきれいさっぱり忘れてしまう。これでは山のように本を読んで、どれだけ知識が増えても意

味がありません。

私が「時間術」や「仕事が速いリーダー」などのセミナーを行うとき、必ず最初に参加者にしてもらう3つのステップがあります。

①今、自分が抱えている問題点を1つ思い出してもらう
②その問題点を解決するために今日はセミナーに来たんだと再認識してもらう
③(人数的に可能なら)一人ひとりに解決したいことを発表してもらう

このステップを踏むと、セミナー参加者の意識が変わります。そして、私のほうは、用意してきたコンテンツに「参加者が知りたがっている内容」がなければ、付け加えることができるのです。

続けて、私は参加者にこう伝えています。

「今日の話を全部持ち帰る必要はありません。自分に、もしくは自分の職場で使えるなと思うことだけを確認し、それだけを持ち帰って、実行し、習慣化してください」

これを最初に伝えなければ、参加者はすべてを持ち帰ろうと頑張ってしまいます。

しかし、前述したように職場や職種によって問題はさまざま。セミナーの内容がすべてに有効なわけではありません。そして何より、あまりにたくさんのコンテンツを持ち帰っても、1つも実行できずに終わるのが関の山なのです。

ですから「**1つでいいので持ち帰って、実行、習慣化してください**」と念を押しているのです。

○本の中身を活かすための読書法

本も同じです。「**読書するために読書する**」**のではなく、**「**読んだ中身を活かすために読む**」。これが大切です。

ここで私の読書法をお伝えします。

私が1冊の本を読むのにかける時間は、だいたい15分です。速読ではありません。目次を見て、速く読むところと、じっくり読むところを分けているのです。

観光地までは高速道路で車を飛ばしても、観光地についたら、ゆっくり景色を楽しみますよね。そういう感覚です。大切なところだけ、じっくり読む。

そうすると、ビジネス書はだいたい15分くらいで読み終わります。

たとえば、「部下とのコミュニケーション」について悩んでいる人は、買ったビジネス書を読むとき、**大切なところにたどりつくまでは高速で読み飛ばし、その項目になったら理解するまでじっくりと読み込む**。

自分の立場、職種、部下の年齢など、自分が抱えている問題に合っていて、解決へ向けて実行できるところを本から探し、見つけたら熟読し、実際に会社で実行する。

何度も実行して、その方法で成果が上がれば、習慣化します。うまくいかないようなら、もう一度その項目を読んで、検証、改善を行います。

つまり、**1冊の本を利用して、ＰＤＣＡを回す**のです。

たとえば、年に２５０日の通勤時間を利用して、１日に１冊読めば、年間２５０冊。

１冊につき１つＰＤＣＡを回したら、年に２５０のコンテンツについて検証できます。

そのうち、10％が習慣化できたとしたら、年間で25のコンテンツを自分のものにすることができるのです。

Point

本を読んだら、内容を実際に試して、習慣化してこそ価値がある。

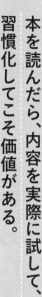

06

できる人は「15分あれば カフェに入る」

わずかな時間も無駄にしない習慣

仕事の速い人はマンネリを嫌います。
代表的なのが、「仕事をする場所」。
私は、外出先で15分も時間が空いたなら、迷わずカフェに入ります。

○場所を変えると効率アップ

勉強にしても仕事にしても、毎日毎日、同じ場所で行うと、だんだん飽きてきます。そんなときは思い切って外に出て、違った場所で続きをやると集中力が復活します。もしカフェのような環境に移動できれば、邪魔も入らずリフレッシュすることもできますよね。

それがわかっているから、IT企業などクリエイティブな仕事を求められるオフィスでは、自席を持たず働く席を自由に選択できるフリーアドレスにして、日によって気分を変えられるようにしていたりします。

齋藤孝さんの著書に、『15分あれば喫茶店に入りなさい。』（幻冬舎）という本があります。もちろんこれは、「喫茶店でコーヒーを飲んでくつろぎなさい」という趣旨ではありません。

お察しの通り「たとえ15分程度の短い時間であっても、ぽっかりと時間が空いてしまったら喫茶店に入って仕事をしなさい」という意味です。

私も齋藤孝さんと同様に、外で15分の時間が空けば迷わず喫茶店に入ります。

それは、前述のように、場所を変えると仕事の効率がアップすると知っているからです。

この『15分あれば喫茶店に入りなさい。』のなかには、「15分でできること」の例が列挙されています。

「**思考を深める**」

「**新しいアイディアを生み出す**」

「**人生を整理する**」

「仕事を管理する」
「問題の所在を明らかにする」
「仕事の引き継ぎをする」
「メンタル・コンディションを整える」
「感想ノートをつける」
「雑談のネタを仕込む」
「雑用を済ます」
「掘り下げて語る」
「翻訳や勉強などコツコツ積み重ねる」
「読書をする」
「二人会議をする」
「仕事の予習復習をする」
「自己客観視する」
「懸案フックを作る」
「相談事をもちかける」
「試験勉強をする」

いくらでもありますね。できることは、人によってそれぞれだと思います。

私が注意するのは2点だけです。

1つは、「**入る前にやることを決める**」。

そしてもう1つは、「**SNSなどを見ないようにスマホの電源は切る**」。

この2つだけです。

あっ、後もう1つ。何を頼むかで迷わない（笑）。

ちなみに私はアイスミルクか、なければアイスコーヒーと決めています。

○15分でもカフェに入る、もう1つの効果

たったの15分でも、カフェに入って仕事をするメリットがもう1つあります。

それは、「**締め切り効果が発揮される**」ということ。

朝の時間を活かそうという話のなかで、「会社に行く支度をするまでの朝時間に勉強をすると、究極の時間制限があるために勉強スピードがアップする」とお伝えしました。

これと同じで、たった15分しかないのにカフェに入ったからには「元を取ろう」と考えるのです。

そんな状況では、「う〜ん、何を飲もうかな〜」なんてオーダーで迷ったり、雑誌を読んだりしませんよね。

スキマ時間を活かすのは、仕事の速い人なら全員が実行している習慣です。

お金を払ってでも、カフェに入って仕事をするのは、時間が何より貴重なものだと認識しているからです。

そう。タイム　イズ　マネー！

いや、それどころか、時間は、お金よりも貴重です！

その気になれば、街角の図書館でも、電車や飛行機での移動中でも、仕事はできます。得意先巡りのスキマ時間や、信号待ち、電車の待ち時間でさえも、仕事をすることは可能なんです。

私の友人で、かつて会社員として会社に通いながら、1年間に5冊のビジネス書を出版した西沢泰生《にしざわやすお》さんがいます。今では大ベストセラー作家で、私がもっとも信頼している相談相手でもあります。

彼は、会社員時代に、本の締め切りを守るために、電車の待ち時間に駅のホームのベンチでパソコンを開いて執筆したこともあったそうです。本当に、**仕事はやろうと思い**

さえすれば、どこでも、どんなに短いスキマ時間でもやることができるのです。

たまにはお休みの日の公園で、緑の茂るなかベンチに腰かけ、子どもたちの笑い声や噴水の音をＢＧＭに、リラックスした気持ちでクリエイティブな仕事をするのも、新鮮かもしれません。

せっかく時間を使うなら、集中して濃い時間にしましょう。

環境を変えることで、マンネリがリフレッシュされ集中力が高まり、仕事のスピードが上がるなら、これを活かさない手はありません。

Point!

場所を変えてスピードを上げ、スキマ時間を無駄にしない。

07

仕事を速くする「究極の習慣」とは？
良い仲間が、あなたを高みへと連れていってくれる！

仕事のスピードを上げる方法を紹介してきた本書。

最後に、仕事を速くしてくれる「究極の習慣」をお伝えします。

この習慣を持つかどうかは、あなた次第です！

○「ノミとコップの話」には続きがあった！

自己啓発系のセミナーや、ビジネス書によく登場する話です。

ノミは、自分の身長の約100～150倍もの高さまでジャンプすることができます。

しかし、そのノミをフタがついたガラスのコップに入れておくと、いつしか、そのフタの高さまでしかジャンプしなくなる。最初のうちは高く跳んでフタに当たるのですが、そのうち、あきらめて高く跳ぶのをやめてしまうのです。そうなると、フタを外してもコップの高さまでしか跳ばなくなる。

つまり「ここまでが限界だとあきらめてしまうと、もう二度とその限界を超えることができなくなってしまう。だからチャレンジすることをやめてはいけない」という教訓です。有名な話なのでご存じかもしれません。

実は、この話には続きがあるそうです。

高く跳ぶことをあきらめてしまったノミに「以前のジャンプ力を取り戻させる方法がある」というのがその続き。

その方法は、もう1匹、別のノミを入れること。

すぐ隣で高くジャンプする仲間のノミを見て、高く跳ぶことを一度はあきらめたノミが「あれっ！　もしかしてオレも、また高く跳べるかも？」と、以前の能力を思い出し、再びコップの高さを超えて跳べるようになるというのです。

この話、本当に実験した話なのか、ただのたとえ話なのかは知りませんが、腑《ふ》に落ちる良い話だと思います。

なぜなら、「**高みを目指す良い仲間が、自分を高みへと連れていってくれる**」というのは、私の持論でもあるからです。

○仕事を遅くする究極の方法!?

仕事を速くする方法を紹介してきた本書ですが、その最後に、「仕事を遅くする方法」を紹介したいと思います。

それは、**仕事の遅い仲間と一緒に行動すること！**

私が専門学校で、税理士の勉強をしていたときの体験です。

その専門学校で最初に仲間になったのは、喫煙室で知り合ったダメダメなグループの人たちでした。タバコを吸っていること自体は悪くないのですが、自習に行っても、喫煙室でその人たちと会話していると、つい長話をしてしまうのです。

専門学校では、月に一度模擬試験が行われるのですが、このダメダメグループのメンバーは「試験の前に、景気づけに飲みに行こう！」と居酒屋で飲み会をします。試験が終わったら終わったで「試験が終わったから、打ち上げだ！」と飲みに行く。

「このグループにいたら、いつまでも税理士の試験に受からない」と思い、私はダメダメグループから離れました。

そして、受講クラスを変更し、他のグループと行動を共にするようにしたのです。

新しく仲間になったそのグループのメンバーは、模擬試験が行われる前には、それこそ、朝から晩まで自習室で一生懸命に勉強をしていました。

模擬試験が終わると、今度は仲間同士で答え合わせです。わからなかった問題を仲間全員で理解してから、飲みに行くのです。

そこでの会話は、平均60点の試験にもかかわらず「オレは85点だった。え〜、A君は90点だったんだ。もっと頑張ろう！」と、そんな感じ。ダメダメグループで「オレは30点。え〜B君60点だったの？　神じゃん！」という会話を聞いていたのとは雲泥《うんでい》の差です。

ダメダメグループから離れ、レベルの高い仲間に刺激された私は、この仲間たちと一緒に税理士試験に合格することができたのです。

10年後。税理士試験に受かったこの仲間たちは、各方面で大活躍をしています。一方、ダメダメグループだったメンバーは、全員が試験に落ち続け、結局、資格をあきらめて違う仕事についていています。

もし、あのときダメダメグループから抜け出していなければ、私もそうなっていたでしょう。

そうです。これが「仕事を遅くする究極の方法」の実例です。

仕事を遅くしたければ、仕事の遅い仲間と一緒に行動する。

これで、絶対に自分の仕事も遅くなります。

もちろん「**自分の仕事を速くするための究極の方法**」**は、仕事の速い人たちの仲間になることです**。

○最速で仕事を終わらせる仲間を持つ

あるときのこと。私は、複数の本の執筆を同時に抱えてしまい、4日で8万字の原稿を書かなければならなくなりました。原稿用紙で言えば200枚。一般的なビジネス書1冊分の文章量です。

以前の私なら「4日で原稿用紙200枚分の原稿なんて、無理！」と思ったことでしょう。しかし、まわりの友人たちに目を向けてみると……。

毎日記事を書いているジャーナリスト、200冊以上の本を出版している先生、ほぼ月1冊のペースで本を出している著者やライターなど、そんな人たちばかり。

するともう、4日で8万字の原稿を書くことが**できない理由が見つからない！**

事実、私は4日で8万字の原稿を書き終えることができました。

突然アイディアが浮かんだわけでも、文豪が憑依《ひょうい》したわけでもありません。**まわりの「高いレベルの仲間」が、私を高みに連れていってくれた**のです。

最速で仕事を終わらせる人になりたければ、最速で仕事を終わらせる仲間を持つ！

これに尽きます。

普通じゃない高いレベルのことを平気でやってしまう人たちと一緒にいれば、その高いレベルのことが当たり前に変わります。スポーツで長年超えられなかった記録の壁を、誰かが破った途端、その壁を破る人が次々と現れることにも似ていますね。

仕事のスピードを上げる方法の数々、いかがでしたでしょうか。

本書で紹介したノウハウを、１つでも２つでも実行していただき、ぜひ仕事の速度を上げ、あなたの人生が豊かになることを祈念します。

Point

自分のレベルを上げたければ、レベルの高い人たちと付き合う！

おわりに

○1日は24時間、余計なことをしている暇はない！

最後までお読みいただき、ありがとうございます。

仕事が速い人になるには、まずは、無駄なこと、慣習で行っていること、非効率なことをなくす。さらに、今ある仕事を部下に任せられないか、時間はお金で買えないか、専門家や上司を巻き込めないか、先人の真似ができないか、他人の脳みそを借りられないかを考える。シビアな期限設定、難易度の高い仕事の細分化、嫌な仕事を5秒ルールで終わらせる、仮説を立てて試していく……。

仕事のコツをつかんで力の入れどころを習得することで、仕事は格段に速くなります。

1日は24時間しかありません。無駄なこと、余計なことをしている暇はありません。子どもと大人の時間感覚は異なると言われています。子ども時代は時間が長く感じ、大人になればなるほど短く感じる。

その理由は、子どもは毎日が発見、知らないことが多く、たくさんの気づきがある。一方、大人は同じことの繰り返し。ルーティンワークに日常業務、新たな発見もない。その差が時間感覚に現れるという説が一般的です。

たとえば、小学5年生の子どもが5年経つと高校1年生。友達も代わり、声変わりもして、身長も伸び、学習によって日々新しいことを学んでいく。一方、32歳の大人が5年経つと37歳。現状維持なら、背も変わらず、変わるのは体重ぐらい（笑）。この5年の濃さを考えても、子どもと大人の違いがわかりますよね。


だからこそ、子どものように、日々新しいことをして、新しい気づきを得て、新しい楽しみを見い出す必要があります。私が5つの仕事をしているのは、人生を楽しみたいから。サラリーマン人生も送りたいし、税理士として人々の相談にものりたい、大学で学生に経済について伝えたい、セミナーをして執筆をしてコンテンツを世に広めたい。1人の人生で5倍の人生を過ごしたいから多くのことにチャレンジし続けています。

それができているのは、それぞれの仕事の力の入れどころがわかり、仕事のコツがわかり、これしかやらないと決めているから。

あなたもぜひ、本書を読んで、やらないコツを探し、空いた時間を充実した人生のために過ごしていただきたいと思います。


出版にあたりご協力いただいた多くの方々に、この場を借りて御礼を申し上げます。

ＰＨＰ研究所の宮脇崇広さん。

私が「仕事が速い人」について執筆できると確信し、声をかけてくださり、本当にありがとうございます。

友人である西沢泰生さん。原稿チェック、情報収集、アイディアの提案、加筆修正など、大変お世話になりました。おかげで執筆に集中することができました。


田舎にいるお母さん。

いくつになっても健康を気遣い、応援してくれ、見守り、励まし、そして、どんなときでも最後まで味方でいてくれて、ありがとう。

真理、天聖、凜。いつもワイワイ楽しく過ごしてくれているので、みんなの笑顔を見ているだけで、執筆疲れも吹き飛び、楽しく過ごせているよ。

そして最後にもう一度。
この本を読んでくださったあなた。
この本に出合えて良かったと思っていただけたら、本当に嬉しいです！

2020年2月

石川和男

〈著者略歴〉

石川和男（いしかわ・かずお）

建設会社役員・税理士・大学講師・時間管理コンサルタント・セミナー講師と５つの仕事を掛け持ちするスーパーサラリーマン。

1968年北海道生まれ。埼玉県在住。大学卒業後、建設会社に入社。経理部なのに簿記の知識はゼロ。上司に叱られ怒鳴られてすごす。初めて管理職になったときも、「部下に仕事を任せられない」「優先順位がつけられない」「スケジュール管理ができない」と、ないない尽くしのダメ上司。深夜11時まで残業をすることで何とか仕事を終わらせる日々が続く。

深夜残業ばかりしていた生産性の上がらない日々に嫌気がさし、一念発起。

ビジネス書やセミナー受講によりタイムマネジメントのノウハウを取得、実践することで成果を下げずに残業を減らす仕事術を確立した。

自ら習得した「時間管理術」をベースに、建設会社では実践的時間効率術を追求。コンサルでは時間管理をアドバイスし、税理士業務では多くの経営者と仕事をし、セミナーでは「生産性向上」や「残業ゼロ」の講師をすることで、仕事が速くなるための研究を日々続けている。

「時間管理」や「勉強法」に関する書籍も多数執筆しており、誰もが働きやすくなるノウハウを分かりやすい言葉で伝える著書は、全国のビジネスパーソンに好評で発売数日で重版となっている。

著書に『仕事が「速いリーダー」と「遅いリーダー」の習慣』『「残業しないチーム」と「残業だらけチーム」の習慣』（ともに明日香出版社）、『残業ゼロのノート術』（きずな出版）、『最新ビジネスマナーと今さら聞けない仕事の超基本』（朝日新聞出版社）など。

装丁――――――――小口翔平＋岩永香穂＋加瀬梓（tobufune）
図版・本文デザイン――桜井勝志

仕事が速い人は、「これ」しかやらない

ラクして速く成果を出す「7つの原則」

2020年3月24日　第1版第1刷発行
2022年4月29日　第1版第9刷発行

著　者　石川和男
発行者　永田貴之
発行所　株式会社PHP研究所
東京本部　〒135-8137　江東区豊洲5-6-52
第二制作部　☎03-3520-9619（編集）
普及部　☎03-3520-9630（販売）
京都本部　〒601-8411　京都市南区西九条北ノ内町11
PHP INTERFACE　https://www.php.co.jp/

組　版　有限会社エヴリ・シンク
印刷所　図書印刷株式会社
製本所　図書印刷株式会社

ISBN978-4-569-84667-5

PHPの本

できるリーダーは、「これ」しかやらない

メンバーが自ら動き出す「任せ方」のコツ

伊庭正康 著

リーダーが「頑張り方」を少し変えるだけで、部下は勝手に頑張り出す！　部下への〝任せ方〟を知らないばかりに疲れているリーダー必読！

定価　本体一、五〇〇円（税別）